Wolf Donner

Lebensraum Thailand

Deutsch-Thailändische Gesellschaft e.V.

Bonn 1983

Herausgeber:	Deutsch-Thailändische Gesellschaft e.V. Koblenzer Str. 89, 5300 Bonn 2
Text und Karten:	Dr. Wolf Donner, 5000 Köln 90
Fotos:	EKA-Pressefoto, Erika Donner, 5000 Köln 90
Gesamtherstellung:	Druckerei Dieter Berghoff, 5300 Bonn 1

ISSN 0721-9288
ISBN 3-923387-07-5

Inhaltsverzeichnis

Vorwort 5

1. Der Lebensraum verändert sich 7

2. Die Hauptstadt 11

3. Zentralthailand 26

4. Der Südosten 40

5. Der Norden 50

6. Der Süden 66

7. Der Nordosten 79

Nachwort 92

Quellennachweis 93

Vorwort

Die Entwicklung eines Landes wird in hohem Maße von seinen physischen Gegebenheiten oder, wie man heute gern sagt, von seiner Umwelt mitbestimmt, und viele Länder stehen vor kaum zu lösenden Problemen, weil die natürlichen oder ökologischen Grenzen der Entwicklung sichtbar werden. Über der Diskussion um Kapital- und Technologietransfer, um die Austauschbedingungen im zwischenstaatlichen Handel und um den Dualismus in Wirtschaft und Gesellschaft vergißt man oft, daß die Sicherung der Grundbedürfnisse der Bevölkerung eines Landes hochgradig von seinem Naturraumpotential abhängt, das heißt davon, was die Natur hergibt, wenn der Mensch sie zur Deckung seiner Bedürfnisse nutzt. Ausgesprochene Wüstengebiete oder Länder des arktischen oder subarktischen Raumes zeigen für jedermann sichtbare Grenzen der Entwicklung, aber auch Gebiete mit einer üppigen tropischen Vegetation lassen erkennen, daß ihr Potential fragil und begrenzt, also keineswegs unerschöpflich ist, wenn der Mensch erst einmal beginnt, es wirtschaftlich zu nutzen.

Bei der Beurteilung der Chancen eines Landes, seine Zukunft zu sichern – und zwar nicht im Sinne eines politischen Überlebens, sondern einer Sicherung der Grundbedürfnisse seiner Bevölkerung –, muß deshalb mehr als bisher sein Naturraumpotential berücksichtigt werden. Es sollte die Frage gestellt werden, wie groß die Tragfähigkeit eines Staatsgebietes ist, das heißt, wieviele Menschen darauf und davon leben können, ohne die Grenze zwischen Armut in Menschenwürde und Elend zu unterschreiten und ohne die natürlichen Ressourcen aufzuzehren.

Dabei spielt die wirtschaftliche Verfassung solange eine untergeordnete Rolle, als die beiden idealtypischen Alternativen – kapitalistische Unternehmerwirtschaft und sozialistische Planwirtschaft – in der Praxis das gleiche Ziel anstreben: die Ausbeutung der Natur zur Erreichung einer möglichst hohen materiellen Produktion. Erst wenn eines der alternativen Systeme dazu überginge, Wachstum und Fortschritt mit einer pfleglichen Nutzung des Naturraumpotentials, das heißt im Rahmen der ökologischen Grenzen zu erreichen, wäre diesem der Vorzug vor dem anderen zu geben.

Thailand, im Großraum Südostasien gelegen, umfaßt mit seinen Grenzen Gebiete sehr unterschiedlichen naturräumlichen Typs. Sie reichen von den Mangrovenküsten des warmen Südchinesischen Meeres bis in die Bergvegetation der temperierten Zone im Norden, von niederschlagsreichen Gebieten mit Regenwäldern an der West- und Südostküste bis zu solchen mit ausgeprägter periodischer Trockenheit im Nordosten. Sie umfassen ausgedehnte alluviale Schwemmländer ebenso wie mineralreiche gefaltete Gebirge des Paläozoikums. Kurz – Thailand besitzt ein großes und vielfältiges Naturraumpotential auf seinem

Staatsgebiet, und es bleibt nur die Frage, wie es dieses Potential bisher genutzt hat und weiter nutzen kann.

Die vorliegende Schrift versucht, Thailand als Lebensraum vorzustellen. Die interessierten Besucher werden in ihrer Mehrheit Vorstellungen von der Kultur des alten Siam haben und sie können sich durch Bild, Wort und Film leicht auf diesem Gebiet informieren. Weniger verbreitet ist das Wissen um den Raum, in dem sich das alles abgespielt hat und noch abspielt, um die wirtschaftlichen Grundlagen und die sozialen Probleme des neuen Thailand. Hier etwas Material an die Hand zu geben, ist der Zweck dieser Arbeit. Dabei müssen aber zwei Einschränkungen gemacht werden. Erstens sollte das statistische Material, das absichtlich sehr sparsam verwendet wurde, nur als eine Sammlung von Richtwerten betrachtet werden. Die verfügbaren Daten reichen nur selten bis 1980, oft nur bis 1970, und sind je nach Quelle nur bedingt zuverlässig. Zweitens ist es das Schicksal einer in Buchform erscheinenden Arbeit, in einigen Teilen rasch zu veralten. Das bezieht sich vor allem auf die politische Entwicklung. Wer sich also über aktuelle wirtschaftliche und politische Tatbestände informieren will, muß schon Zeitungen und Zeitschriften heranziehen.

Der Verfasser hat von 1969 bis 1972 im Rahmen der internationalen technischen Hilfe in Thailand im landwirtschaftlichen Sektor gearbeitet und seitdem die Entwicklung dieses Landes aufmerksam verfolgt. Neben einer umfassenden Wirtschaftsgeographie Thailands in englischer Sprache sind im Laufe der Jahre einige Aufsätze zum vorliegenden Thema in der „Zeitschrift für Wirtschaftsgeographie" erschienen. Der Verfasser dankt dem Pick-Verlag, Hagen, für die Genehmigung, dieses Material auszugsweise zu verwenden.

Köln-Porz, im Frühjahr 1982

Dr. Wolf Donner

1. Der Lebensraum verändert sich

Das thailändische Staatsgebiet entspricht mit 514.000 km² etwa der doppelten Fläche der Bundesrepublik Deutschland. Es wird im Norden und Westen von Birma, im Nordosten von Laos, im Südosten von Kambodscha und im Süden von Malaysia begrenzt, wobei die westliche Kordillere nach Birma, der Fluß Mekong nach Laos und die Phnom-Damrek-Kette nach Kambodscha hin natürliche Grenzen bilden. Die Westküste Südthailands reicht an den Indischen Ozean (Andaman-See), seine Ostküste und die Zentralregion grenzen an das Südchinesische Meer respektive an den Golf von Thailand. Die Landgrenzen belaufen sich auf rund 4.500 km, die Küsten auf etwa 2.600 km.

Geotektonisch ist Thailand zwischen zwei bedeutende Gebirgsketten eingebettet, die beide im Hochland von Pamir entspringen und sich östlich von Tibet nach Süden wenden. Die Zentralkordillere, die verschiedene örtliche Namen führt, verläuft im Westen und die Annamkordillere im Osten, allerdings bereits jenseits der Grenze auf laotischem Boden. Um so ausgeprägter grenzt die Zentralkordillere als Tenasserim-Gebirge das Land nach Birma hin ab und bildet das Rückgrat der Malakka-Halbinsel und mithin Südthailands. Der Norden wird durch einige nordsüdlich verlaufende Gebirgsfalten geformt, die später in die Zentralebene absinken, wobei die östlichste Faltung, die Phetchabun-Kette (auch Zentrales Hochland genannt), die Zentralebene von Nordostthailand, dem Koratplateau, trennt. Im Südosten wiederum geht die Zentralebene in verschiedene Gebirge an der Grenze zu Kambodscha über. Der Nordosten ist eine zwischen Phetchabun-Kette, Phnom-Damrek-Kette und dem Flusse Mekong eingebettete flache Schale, die nur nach Osten entwässert und relativ geringe Niederschläge erhält. Der halbinselförmige Süden schließlich wird von der Zentralkordillere durchzogen, die das Gebiet in eine gebirgige West- und eine flachere Ostseite teilt. Mehr als 55 % der Landesfläche liegen zwischen dem Meeresniveau und 200 m und mehr als 20 % höher als 500 m über dem Meer. Der höchste Gipfel Thailands, der Doi Inthanon, übersteigt 2.500 m.

Durch die relativ schroffen Gebirgsschwellen und die bedeutenden Meeresküsten ist die räumliche Gliederung so ausgeprägt, und die einzelnen Regionen sind hinsichtlich ihres Potentials, ihrer Physiographie und ihres bisherigen Entwicklungsganges so unterschiedlich, daß sie, isoliert betrachtet, als Wirtschaftsräume eigenen Charakters gelten könnten (Donner, 1978).

Klimatisch wird Thailand zu den Monsunländern mit einer trockenen (November bis April) und einer feuchten (Mai bis Oktober) Jahreszeit gerechnet. Landesweit betrachtet stimmt diese Einteilung, denn in den sechs Monaten Mai bis Oktober fallen 65 % aller Niederschläge. Dennoch ist sie eine grobe Vereinfachung, denn schon die Topographie läßt vermuten, daß die natürliche Regionalisierung des Landes erhebliche klimatische Unterschiede mit sich bringt und daß die beiden Ozeane, zwischen denen Thailand liegt, ein übriges zur Komplikation des Wetterablaufs tun.

Sowohl über der Bucht von Bengalen als auch über dem Südchinesischen Meer entwickeln sich im Laufe des Jahres niederschlagsträchtige Winde. Zyklone aus dem Golf von Bengalen lösen im April und Mai Niederschläge in Südthailand und in der südlichen Zentralebene aus (Vormonsun), während der eigentliche Sommermonsun vom Indischen Ozean her zwischen Mai und Oktober Regen für praktisch ganz Thailand bringt. Die Ausläufer der pazifischen Taifune, die sich mit der Sonne von Süd nach Nord und dann wieder nach Süden bewegen, führen im Frühjahr Regen nach Nord-, Nordost- und Zentralthailand, die im Juni nachlassen und erst wieder einsetzen, wenn sich die Taifune ab August nach Süden zurückbewegen. Die von November bis Mai wehenden Nordostwinde (Wintermonsun) sind hinsichtlich ihres Regens unergiebig.

So ist der Regen in Thailand örtlich und zeitlich recht ungleichmäßig verteilt. Die jährlichen Niederschläge reichen von über 5.000 mm bei Ranong an der Westküste bis wenig über 1.000 mm in der Nordostregion. Der örtlich-zeitliche Unterschied zeigt sich vielleicht am eindrucksvollsten in zwei Zahlen: im Dezember fallen in Südthailand im Schnitt 237,8 mm Regen, im Nordosten aber nur 2,2 mm.

Die Temperaturen des Landes, das geographisch zwischen 6°N und 20°N liegt, sind insgesamt tropisch warm. Wenn sie auch von der Höhe über dem Meer, von der relativen Luftfeuchte und dem Abstand von der Küste modifiziert werden, so variieren die mittleren Jahrestemperaturen zwischen 27°C und 28°C oft nur um Bruchteile eines Grades. Im Januar liegt das monatliche Mittel im Norden bei 21°C und das sommerliche Mittel im April bei 30°C. Im Süden sind die entsprechenden Werte 25°C und 29°C.

Natürlich ist das Abflußregime der Flüsse eng mit den Niederschlägen verknüpft, wird aber durch die Bodengestalt und den Bewuchs modifiziert. Und da die Verfügbarkeit von Oberflächenwasser von entscheidender Bedeutung für die Reiserträge ist, hängt die jährliche Reisernte eng mit dem örtlichen, zeitlichen und quantitativen Ausfall der Niederschläge zusammen. Besonders zwischen Juni und August, nachdem die pazifischen Taifunregen nach Norden abgezogen sind und bevor sie wieder nach Süden gehen, kommt es zu einer kurzen Trockenzeit. Dann ist es entscheidend, ob die Flüsse noch genügend Wasser für die Felder vor allem in der zentralen Reisebene liefern.

Das hydrographische Bild Thailands wird durch zwei große Flußsysteme und durch den Umstand geprägt, daß das Land zwischen zwei Ozeanen liegt, deren Wassermassen erheblichen Einfluß auf das Klima und damit auf den Wasser-

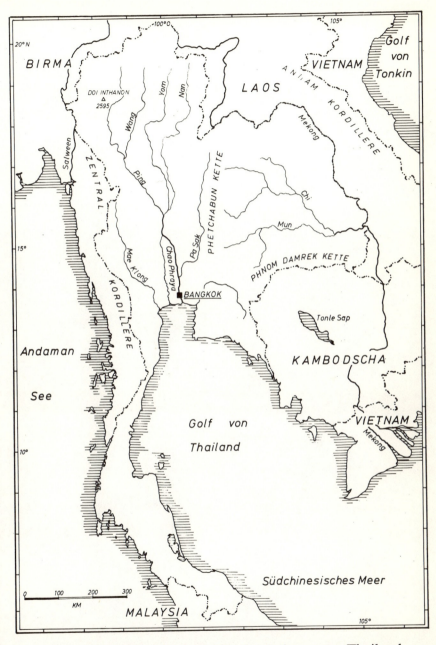

Karte 1: Orientierungskarte für den Lebensraum Thailand

haushalt des Landes haben. Der Mae Nam Chao Phraya, dessen Einzugsgebiet gänzlich auf thailändischem Boden liegt, entwässert allein ein Drittel des nationalen Territoriums, und ein weiteres Drittel wird über den Fluß Mekong, der über 850 km die Grenze zu Laos bildet, ins Südchinesische Meer geleitet. Grob gerechnet tragen die Flüsse 57 % allen Wassers in den Golf von Thailand, 36 % ins Südchinesische Meer und 7 % in den Indischen Ozean. Im Laufe eines Jahres schütten die Regenfälle im Schnitt 733 Milliarden m^3 Wasser auf das Staatsgebiet. Davon fließen etwa 30 % über die Flüsse ab, während der Rest versickert oder durch Verdunstung der Atmosphäre zurückgegeben wird. Rein rechnerisch würde diese gewaltige Wassermasse die Kulturflächen Thailands etwa 4 m hoch bedecken, was zeigt, daß das Land nicht unter Wasserknappheit zu leiden hätte, wäre die Verteilung räumlich und zeitlich zu sichern.

Aus den verschiedenen Grundgesteinen hat sich im Laufe geologischer Zeitalter eine breite Palette von Böden entwickelt, die von jungem organischen Material in einigen Senken im Süden bis zu rotbraunen Gebirgsböden reicht, die sich aus Granit und Gneis gebildet haben. Ebenso sind durch äußere Einflüsse verschiedene Landschaftsformen wie Dünen, Alluvialebenen, tief eingeschnittene Täler und markante Kalksteinformen entstanden. Die Küstenlinien haben sich durch Hebung und Absenkung sowie durch Ablagerungen und Anspülungen im Laufe der Zeit sichtbar verändert. Thailand bietet also dem aufmerksamen Beobachter eine Fülle landschaftlicher Formen.

Die Böden des Landes genießen den Ruf, sehr fruchtbar zu sein. Das scheint daher zu rühren, daß der thailändische Exportreis geschätzt wird. Untersucht man allerdings ihre Qualität (land capability), so ergibt sich ein Bild, das deutlich die Grenzen dieses Naturraumpotentials erkennen läßt (Government of Thailand, 1972). Es gestattet zugleich eine wenn auch grobe Abschätzung des thailändischen Produktionspotentials für die Zukunft. Dabei zeigt sich zunächst, daß die Böden, die eine hinreichende Eignung für die Produktion von Wasserreis haben, bereits in diesem Sinne genutzt werden, ja, daß darüber hinaus mäßig geeignete Böden mit Reis bepflanzt werden. Demgegenüber wurden seinerzeit (1972) noch erhebliche Landreserven für Regenfeldkulturen (upland crops) wie Mais, Bohnen, Faserpflanzen, Zuckerrohr, Ölsaaten usw. ausgewiesen. Inzwischen stieg die Fläche unter Reis von 6,3 Millionen ha (1965) auf 8,5 Millionen ha (1975), was den Schluß zuläßt, daß der Anteil marginaler Böden am Reisbau wächst. Die Zunahme der Gesamtkulturfläche von 12,6 Millionen ha (1965) auf 18,6 Millionen ha (1975) zeigt, daß die Fläche unter Regenfeldkulturen noch stärker als der Reisbau zugenommen hat.

Diese Ausweitung konnte nur auf Kosten der Waldfläche vor sich gegangen sein, und in der Tat sind die Zahlen, die den Rückgang der Waldfläche in Thailand belegen, alarmierend. Noch 1960 meldete das Royal Forest Department, daß Thailand zu 60 % mit Wald bedeckt sei; 1977 betrug die Fläche nach derselben Quelle nur noch 38 %; bis 1981 ging sie weiter auf 27,6 % zurück. Kenner der Situation halten diese Zahl noch für zu optimistisch, da der Zustand weiter Waldflächen derart sei, daß sie eigentlich diesen Namen nicht mehr verdienen. Ihrer Meinung nach dürften kaum noch 20 % mit wirklichem Wald bedeckt sein, und das Land treibe unaufhaltsam dem Zustand einer „baumlosen Wildnis" entgegen.

Die Gründe für diese katastrophale Entwicklung liegen einmal in der Übervölkerung, die sich in wachsendem Landhunger und steigendem Holzbedarf ausdrückt, in einer Zunahme der Stammesbevölkerung und damit in immer kürzer werdenden Umtriebszeiten beim Wanderhackbau und schließlich in einer rücksichtslosen legalen wie illegalen Ausbeutung der Waldbestände durch die Holzwirtschaft und der Kommerzialisierung des Landbaus überhaupt. Die wertvollen Teakbestände sind bereits so weit zurückgegangen, daß der Export von Teakholz heute bei weniger als 1 % dessen liegt, was 1954 ausgeführt wurde. Aufforstungspläne, die wohl vorhanden sind, erscheinen demgegenüber dürftig. Bodenerosion, Fluten und Trockenzeiten nehmen bereits fühlbar zu (anon., 1978e; Kanwanich, 1981; Mying, 1981; anon., 1981c).

Durch diesen Entwaldungs- und Erosionsprozeß gerät eine vielfältige autochthone Vegetation in Gefahr, die heute noch von den Mangrovendickichten entlang der Küste über immergrüne und laubabwerfende Wälder, Bambusbestände und Wildgrasflächen bis hinauf zu den Kiefernwäldern der nördlichen Berge reicht. Mangroven, wichtige Brutplätze für Fische, kümmern unter sterilen und giftigen Abschwemmungen vom Lande, wertloses Imperatagras dringt in verlassene Rodungsflächen vor, und der Bau von Straßen und Staudämmen erleichtert den illegalen Holzfällern und Siedlern das Vordringen in die letzten unberührten Waldreserven. Das Gesicht Thailands ändert sich rasch, und während die Hauptstadt an ihren eigenen Abgasen erstickt, droht das Land zu versteppen. Diese anthropogene Vernichtung des Lebensraumes kann nur von den Menschen selbst aufgehalten werden – oder sie werden mit ihm zugrunde gehen.

2. Die Hauptstadt

Bis in die Gegenwart hinein ist Bangkok mit Abstand die größte Stadt des Landes und spielt darüber hinaus raumpolitisch eine hervorragende Rolle. Es ist mehr als nur die Residenzstadt eines Königreiches, mehr als nur die Hauptstadt eines Staates, es ist „Metropolis", d. h. „Mutterstadt" im ursprünglichen Sinne des Wortes:

„Thailand könnte man als das Hinterland der Großstadt Bangkock bezeichnen. Seit seiner Gründung im Jahr 1782 war es die Residenz der Könige, der Sitz der Regierung, der Haupthafen, das Finanz- und Handelszentrum und die Heimstatt der herrschenden Elite. Von Anfang an war Bangkok das Zentrum thailändischer Kultur und Macht, und für viele Thais ist sein Wachstum an Größe, Reichtum und Macht gleichbedeutend mit der Prosperität und Größe Thailands".

Dieser Satz, entnommen aus einem der Berichte der Weltbank zur wirtschaftlichen Lage Thailands, beinhaltet mehr, als man zunächst vermuten möchte. Wer heute diese Stadt besucht, ist überwältigt von dem Warenangebot, dem Luxus vieler Hotels und Restaurants, dem unbeschreiblichen Straßenverkehr und dem selbst für asiatische Verhältnisse beachtlichen Lärm. Wenn der Reisende aus anderen Städten Asiens kommt, in denen das Elend der Massen offen zutage tritt, wird er erst einmal glauben, Thailand berste vor Wohlstand.

Dieser Eindruck dürfte spätestens am vierten Tage einer Ernüchterung Platz machen. Der Fremde erkennt, daß Leben und Aktivität oft ebenso chaotisch sind wie der Verkehr, der die Straßen verstopft; er erfährt, daß es draußen im Lande breite Schichten Unzufriedener gibt, die man vordergründig Terroristen oder Kommunisten nennt. Er muß schließlich zur Kenntnis nehmen, daß Bangkok von temporären Wogen der Konjunktur nach oben gespült wurde, die unstabile Verhältnisse und zweifelhaften Reichtum für wenige schufen, während ein großer Teil der Menschen in ärmlichen Hütten haust und froh ist, für geringen Lohn Gelegenheitsarbeit zu finden.

Der spektakuläre Wohlstand begann mit dem Koreakrieg (1950 – 53), wurde durch US-amerikanische und japanische Investitionen und Wirtschaftshilfe verstärkt und erreichte seinen Höhepunkt während des Vietnamkrieges (1957 – 73), als die Stadt am Chao Phraya ein amerikanischer Etappenort erster Güte war.

Mit Schrecken wird der Besucher alsdann registrieren, daß den Menschen in dieser Königsstadt buchstäblich die Luft zum Atmen fehlt, daß ihre vielgerühmten Kanäle, die Khlongs, stinkende Kloaken geworden sind, daß der Mae Nam (d. h. Fluß) Chao Phraya, dem die Stadt ihre einzigartige Lage verdankt, überlagert ist von dem betäubenden Lärm ungezählter Bootsmotoren, daß sich zwischen himmelragenden Hochhäusern mit oft schöner Formgebung quadratkilometerweise schmutzige, überbevölkerte Holzhäuser mit rostigen Blechdächern erstrecken. Rückkehrer, welche die Stadt vor zwanzig oder dreißig Jahren zuletzt sahen, trauern heute einem für immer verlorenen Paradies nach. Der Beiname Bangkoks, „Venedig des Ostens", irreführenderweise noch immer in Touristenprospekten benutzt, ist nicht mehr gerechtfertigt.

Seltsam genug ist, daß der Protest gegen diese Verhältnisse aus den Reihen der Thais und Chinesen, die Bangkok bevölkern, schwach ausfällt. Selbst Ausländer, die über viele Jahre in Bangkok ansässig sind, quittieren die Frage nach ihrem Wohlbefinden mit einem Achselzucken. Dies zeigt bereits, wie sehr die einheimische Bevölkerung schließlich ihre Umwelt akzeptiert und wie die ausländischen Bewohner die graduelle Verschlechterung der Lebensqualität in der Stadt vielfach als etwas Unabwendbares hinnehmen. Manchmal kann man sogar die Behauptung hören, die Thais wüßten schon, was für sie gut ist, und wir Europäer würden das nicht verstehen. Die örtliche Presse spricht allerdings eine andere Sprache. Danach muß man das Verhalten der breiten Öffentlichkeit eher als Resignation deuten.

Die Rolle Bangkoks als thailändische Stadt ist erstaunlich. Stadtgründungen über die jeweilige Hauptstadt hinaus haben in der Geschichte des Landes keine wesentliche Rolle gespielt, und auch nachdem die früheren Hauptstädte Siams in touristisch relevante Ruinenstädte verwandelt waren und Bangkok während der letzten zweihundert Jahre die Führungsrolle hatte, blieben sekundäre Stadtzentren weit an Bedeutung und Größe zurück. Der Verstädterungsprozeß in Thailand ist hochgradig auf die Hauptstadt konzentriert. Im Jahre 1947 lebten 7 % der Thais in Siedlungen mit mehr als 10.000 Einwohnern (Städten) und über 60 % davon in Bangkok. 1980 wohnten mehr als 18 % der Thais in Städten und davon etwa 63 % in Bangkok, d. h. mehr als 10 % der Gesamtbevölkerung Thailands.

Wohl haben gezielte Entwicklungsprojekte vor allem auf dem Gebiet von Transport und Verkehr das Wachstum sekundärer Zentren beschleunigt; wohl ist der Bevölkerungsanteil in Städten mit mehr als 20.000 Einwohnern an der Gesamtbevölkerung fühlbar angewachsen, aber keines dieser Sekundärzentren erreichte bis dahin die 100.000 Einwohner-Marke, die Bangkok schon im frühen 19. Jahrhundert überschritten hatte. Und während Chiang Mai, die zweitgrößte Stadt Thailands, 1976 eine Einwohnerzahl von 105.000 meldete, ist die Bangkoks immer noch 46-mal größer, obwohl Chiang Mai fünfhundert Jahre vor Bangkok gegründet wurde.

Bangkok hat zudem durch sein Übergewicht Stadtentwicklungen in der Zentralregion weitgehend verhindert. Während nämlich 1947 von den zehn größten

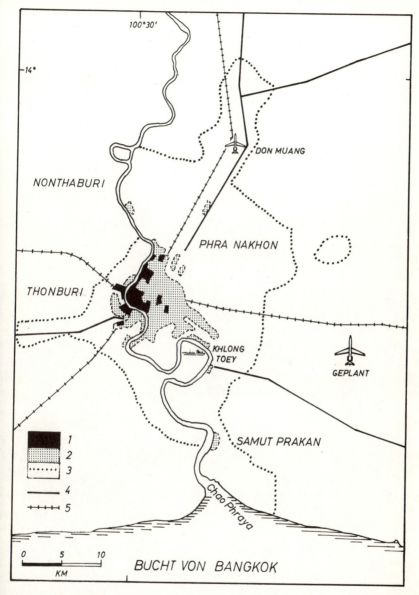

arte 2: Bangkok dehnt sich immer rascher aus. 1 = Stadtgebiete
n 1900; 2 = um 1950; 3 = um 1980 (geschätzt). 4 = Hauptausfall-
raßen; 5 = Eisenbahnen.

Städten Thailands noch fünf zu dieser Region gehörten, ist deren Rolle heute fast ausnahmslos auf Orte im Norden, Nordosten oder Süden übergegangen.

Selbstverständlich ist diese Konzentration nicht nur demographisch zu sehen. Die Zusammenziehung von Regierung, Verwaltung, Handel, Verkehr und Industrie an der Chao Phraya-Mündung hat auch zu einer gewaltigen Konzentration individuellen Reichtums geführt. Denn obwohl in diesem Raum nur rund 10% der Gesamteinwohnerschaft Thailands leben, werden hier nicht weniger als 29% des Bruttosozialprodukts erwirtschaftet. Im Jahre 1977 wurde das durchschnittliche Bruttosozialprodukt in Thailand auf 380 US-$ per capita und das von Bangkok auf 1.000 US-$ per capita geschätzt. Auch leben im Raum der Metropolis nur 12% der Menschen unter der Schwelle absoluter Armut, verglichen mit 15% im Norden und Süden und 45% im Nordosten (Meesook, 1979).

Diese Zahlen zeigen vielleicht deutlicher als alle anderen Indikatoren die Gründe für die städtischen Probleme: individueller Reichtum (oder doch zumindest Wohlstand) und, im Gefolge einer schwachen Steuerbasis, öffentliche Armut führen die Stadt und den Raum Groß-Bangkok mehr und mehr in den Zustand der Lebensunfähigkeit.

Um die heutige Situation dieser Stadt besser verstehen zu können, ist ein Blick auf ihre Entstehungsgeschichte und ihre physisch-geographische Lage nützlich.

Beides, die physisch-geographische Lage und die historische Entstehung Bangkoks, ist eng miteinander verknüpft. Im Laufe der siamesischen Geschichte sind mehrere binnenländische Hauptstädte (Muang Fang, Sukhothai, Ayutthaya) untergegangen, doch ist der generelle Wanderungstrend der Thais, die, von Norden kommend, das Tal des Chao Phraya besetzten und besiedelten, über die Jahrhunderte erhalten geblieben. Die Errichtung der letzten Hauptstadt an der Mündung des Hauptflusses, die bereits früher das Eingangstor in die Region war, war nur konsequent.

Geographisch ist das Gebiet von Groß-Bangkok überwiegend vom Wasser geprägt. Als ein Tiefland von durchschnittlich kaum mehr als 2 m über dem mittleren Meeresspiegel, in unmittelbarer Nähe des Golfs von Thailand gelegen und vom mächtigsten Strom der Region durchflossen sowie überzogen von einem dichten Netz natürlicher und künstlicher Wasserwege, ist es vom Wasser geformt, hängt vom Wasser ab und ist vom Wasser bedroht. Hier, an der schlammigen, von Mangroven bestandenen Mündung des Chao Phraya, hatte sich in einer großen Schleife des Flusses bereits während der Ayutthaya-Zeit (1350 – 1767) ein kleines Fischerdorf mit einem Hafen, einem Fort, einem königlichen Gästehaus usw. entwickelt. Hier etablierte König Tak Sin 1767, nach dem Fall Ayuthayas, seine neue Hauptstadt, das heutige Thon Buri, während sein Nachfolger, König Chakri oder Rama I., auf das Ostufer des Flusses wechselte und dort 1782 den Grundstein für die Stadt legte, die heute als Bangkok bekannt ist.

Natürlich wurde auch Rama I. bei der Wahl des Platzes von strategischen Erwägungen geleitet. Der Chao Phraya macht hier einen großen Bogen nach Westen und bildet so eine Art flache Halbinsel, die von reichen und tiefen Wassern des Flusses im Norden, Westen und Süden umspült wird, während sich nach Osten eine als „Der Schlammsee" bekannte Sumpflandschaft erstreckte, die einen Angriff über Land praktisch ausschloß. Darüber hinaus wurde die Stadt, die 3,5 km² umschloß, über deren frühe Einwohnerzahl jedoch keine Angaben vorliegen, nach allen Regeln des mittelalterlichen europäischen Städtebaus mit Mauern und Gräben versehen und erhielt einen ebenfalls befestigten Königspalast sowie etliche Tempel- oder Klosterkomplexe. Wassergräben und schmale Fußgängerwege durchschnitten sie. Im Gegensatz zu vielen Hauptstädten in der Welt ist Bangkok also eine junge Stadt, sie feierte 1982 die zweihundertste Wiederkehr ihrer Gründung.

Die Wahl des Standortes erwies sich in vielerlei Hinsicht als glücklich. Vorbei waren die Zeiten, da Feinde die Hauptstädte der Thais verwüsteten. Im Gegenteil: fremde Missionen kaufmännischer, diplomatischer und religiöser Art wurden eingeladen, sich nahe der neuen Stadt niederzulassen. Dies, zusammen mit der verkehrsgünstigen Lage, bescherte Bangkok in wenigen Jahrzehnten ein Wachstum ohnegleichen. Seine Rolle als Zentrum Thailands wurde praktisch niemals in Frage gestellt, vielmehr durch die Tatsachen täglich neu untermauert, und vor einem rein agrarischen Hinterland von Reisbauern entwickelte es sich zügig als „die Stadt" in Thailand schlechthin. Die urbanisierte Fläche, die im Jahre 1900 nur 13 km² maß, wird für die 1970er Jahre mit 184 km² angegeben und für das Jahr 2000 auf 820 km² geschätzt.

Entsprechend entwickelte sich die Stadtbevölkerung, die in der relativ kurzen Zeit der Stadtgeschichte im Vergleich zum Königreich überproportional wuchs. Es wird angenommen, daß bis zur Mitte des 19. Jahrhunderts ungefähr 350.000 Menschen in Bangkok lebten. Mit dem Überwinden der neuen Stadtmauer, die unter König Mongkut (Rama IV.) um diese Zeit errichtet worden war, breitete sich Bangkok rasch weiter nach Norden, Süden und Osten aus. Um 1900 wird die Bevölkerung der Stadt mit 600.000 angegeben. Für spätere Jahre fehlt die Kontinuität, weil in jüngerer Zeit zwischen der Provinz Phra Nakhon (d. i. Provinz Bangkok) und der Munizipalität Nakhon Krung Thep (d. i. Stadt Bangkok) unterschieden wird. „Bangkok-Metropolis", die Provinzen Bangkok und Thon Buri umfassend, wird für das jahr 1980 mit 5,1 Millionen Einwohnern veranschlagt.

Planerisch ist es heute üblich, vom Raum Groß-Bangkok zu sprechen, der die vier Provinzen Phra Nakhon, Thon Buri, Nonthaburi und Samut Prakan umfaßt die die Mündung des Chao Phraya umschließen (Kocks, 1975). Hier hat sich die

Bevölkerungszahl von 1,5 Millionen (1947) über 3,5 Millionen (1970) auf 6,3 Millionen (1980) vergrößert. Die Bevölkerung der sechs in der Region gelegenen Munizipalitäten wuchs allein zwischen 1960 und 1967 um 53,2% und hat heute 4,6 Millionen erreicht.

Die Bevölkerungsdichte der Region von Groß-Bangkok erhöhte sich von 1.160 Menschen/km^2 (1970) auf 2.028 Menschen/km^2 (1980). Untersuchungen über die Bevölkerungsdichte in den bebauten Teilen Bangkoks und Thon Buris ergaben im Jahr 1961 kleinere Wohngebiete in der Innenstadt, in denen rechnerisch um 100.000 Menschen je km^2 lebten. 1972 hatte die Innenstadt (21 km^2) rund 40.000 und die Außenstadt (105 km^2) rund 20.000 Einwohner je km^2 (Michael, 1978).

Bevor wir uns nun den städteplanerischen Problemen Bangkoks zuwenden, scheint ein Hinweis auf die merkwürdige hydrologische Situation der Stadt angebracht. Es wurde schon erwähnt, daß Bangkok im Schnitt kaum mehr als 2 m über dem mittleren Meeresniveau liegt, und es ist klar, daß in Zeiten der Flut von Meer und Fluß her eine ständige Überschwemmungsgefahr droht, zumal es an Gefälle für eine natürliche Drainage fehlt. Das Abpumpen von Überschußwasser in der Zeit heftiger Regenfälle ist schon problematisch genug; treffen diese nun mit dem Hochstand des Flusses und der Tide des Meeres zusammen, so stehen oft weite Teile der Stadt unter Wasser.

Nun hat sich aber gezeigt, daß ein weiteres Problem die Lösung dieser Frage immer schwieriger macht. Bekanntlich besteht das untere Chao Phraya-Tal aus einer 300 – 500 m mächtigen Sedimentschicht aus erodierten Lehmen, auf der Bangkok erbaut wurde. Selbst Fundierungen von bis zu 30 m erreichen natürlich das gewachsene Gebirge nicht. In der Sedimentschicht laufen verschiedene Quellhorizonte, die durch Tiefbrunnen angezapft werden, aus denen man täglich zwischen 1,0 und 1,25 Millionen m^3 Wasser fördert. Da diese gewaltige Menge nicht voll nachsickert, entstehen unterirdische Hohlräume. Das bedeutet, daß der Boden schrumpft, weil ihm eine Raumkomponente entzogen wird. Messungen über die Jahre hinweg haben zweifelsfrei ergeben, daß das Niveau Bangkoks ständig absinkt, aber trotz vorgelegter Gutachten, z. B. seitens des renommierten Asian Institute of Technology, werden keine Gegenmaßnahmen ergriffen. Die Zahl der Tiefbrunnen wächst, und die Menge des täglich geförderten Wassers hat sich in den letzten zehn Jahren vervierfacht. Das wachsende Gewicht der Hochbauten und die Zusammenpressung des Bodens durch die Vibration der Fahrzeuge verstärken diesen Prozeß weiter. Das ist ein Problem, das eines Tages alle Anstrengungen des Städtebaus zunichte machen könnte (Bhinyoying, 1971; anon., 1976).

Wer auch nur einen Tag in Bangkok zubringt, wird von der Motorisierung der

Stadtbevölkerung und dem daraus resultierenden Verkehrschaos tief beeindruckt sein. Die bei Thailändern generell vorhandene Auffassung, das Fahren mit einem Motorgefährt, sei es nun der eigene Wagen oder das individuell gemietete Taxi, fördere ihr Ansehen, hat es bis heute vermocht, nüchterne Planungen zur Lösung des Verkehrsproblems in der Hauptstadt zu paralysieren. Zwischen 1960 und 1980 wuchs die Bevölkerung der Metropolis von 2,1 auf 5,0 Millionen oder um das 2,4-fache; in der gleichen Zeit nahm die Zahl der in der Metropolis zugelassenen Kraftfahrzeuge von 75.000 auf rund 590.000, also um das 7,9-fache zu. Im Schnitt der letzten Jahre wurden täglich 110 neue Kraftfahrzeuge importiert bzw. liefen vom Montageband und wurden für den Verkehr zugelassen, davon 47 private Personenkraftwagen, und das alles trotz eines prohibitiven Zolls auf Importwagen. Die Fahrzeugdichte in der Stadt wird außerdem noch dadurch erhöht, daß täglich zusätzlich über 100.000 Kraftwagen von den Außenbezirken in die Stadt kommen.

Die sich auch bei der autochthonen Bevölkerung immer mehr durchsetzende Auffassung, es sei unzumutbar, auch nur einige hundert Schritte zu Fuß zu gehen, hat das Geschäft der Samlors (Motorrikscha mit drei Rädern) und der Taxis stark belebt. Gegenwärtig gibt es etwa 6.900 Samlors und dazu 14.600 Taxis (N.S.O., 1979), aber es bestehen seit Jahren Pläne, die langsamen, stinkenden und leistungsunfähigen Samlors im Verhältnis 2:1 durch normale Taxis zu ersetzen und so deren Zahl auf über 18.000 zu steigern. Weder Taxis noch Samlors haben feste Standplätze, sind ständig auf Kundensuche und tragen so zur Überfüllung der Straßen bei.

Leistungsfähige öffentliche Massentransportmittel gab es in Bangkok bis in die jüngste Zeit nicht. Sie wurden zur Lösung des Verkehrschaos' nicht einmal erwogen, weil man von der Vorstellung des Individualtransports fasziniert war. So gehören immer noch 80 % des Personenkraftwagenbestandes zum Privatsektor, doch befördern sie nur ein Drittel der Passagiere. Man erkennt, daß der öffentliche Busverkehr hoffnungslos überlastet ist.

1976 wurden 24 private Busgesellschaften zur öffentlichen Bangkok Mass Transit Authority (BMTA) zusammengeschlossen. Diese betreibt heute rund 5.000 Fahrzeuge auf etwa 110 Linien (davon 11 Linien mit klimatisierten Bussen) und befördert täglich schätzungsweise 3,3 Millionen Passagiere. 23 der Linien laufen zwischen Bangkok und Thon Buri über die Memorial Bridge, eine der überfülltesten Strecken der Stadt. Ohne zuverlässigen Zeitplan fahren die Wagen lärmend und rücksichtslos durch die engen Straßen, die sie mit Dieselabgasen füllen.

Sogenannte Minibusse, mit Dach und Sitzen versehene Kleinlaster, leisten Zubringerdienste. Sie können in den Seitenstraßen, den Sois, operieren, die fü normale Busse zu eng sind. Im Moment haben etwa 2.000 von ihnen eine Lizenz und befördern täglich um 600.000 Fahrgäste. Hinzu kommen noch 7.000 bis 10.000 unlizensierte Minibusse, so daß man die Gesamtzahl der von ihnen beförderten auf 2 – 3 Millionen täglich schätzen kann. Addiert man die angegebenen Passagierzahlen, so zeigt sich, daß die ganze Bevölkerung der Hauptstadt ständig unterwegs ist. Genau das ist der Eindruck, den man in Bangkok gewinnt. Die dadurch entstehende hochgradige Verstopfung aller Straßen hat zur Folge, daß sich zur Zeit hohen Verkehrsaufkommens (und das heißt praktisch tagsüber) Personenwagen mit nicht mehr als 12 und Busse mit 9 km/Std. vorwärtsbewegen können.

Schließlich sind in der Metropolis über 72.000 Lastkraftwagen registriert, die mehr und mehr den früher üblichen Transport auf den Kanälen und Flüssen ersetzen. Die meist chinesischen Transportfirmen haben ihre Büros und Lagerhäuser vorwiegend in der Innenstadt, wo die Fahrzeuge die Straßen ganzer Bezirke blockieren. Die Stadtverwaltung sah 1971 keine andere Möglichkeit, als die Bewegung der schweren Lastwagen (Dreiachser) täglich stundenweise zu verbieten, um den Berufs- und Schulverkehr innerhalb der Hauptstadt überhaupt zu ermöglichen.

Obwohl Bangkok heute nicht mehr das „Venedig des Ostens" im Sinne eines vorherrschenden Wassertransports ist, haben doch einige Kanäle und vor allem der Chao Phraya ihre Bedeutung als Wasserstraße beibehalten. Allerdings sind die alten Segel- und Ruderboote durch stinkende und lärmende Motorboote (sog. „long-tail boats") ersetzt worden, die die Gefahren und Widerwärtigkeiten des Straßenverkehrs nun auch auf die einst beschaulichen Wasserwege gebracht haben. Noch vor einem Jahrzehnt wurden viele Fahrten zur Arbeit und zur Schule, vor allem im Nordwesten und Nordosten der Stadt, per Boot gemacht, und amtliche Schätzungen sprachen von 100.000 Personen, die täglich Boote für den Fähr- oder Transportdienst in Anspruch nehmen, doch ging die Zahl der Boote zwischen 1969 und 1972 um fast ein Viertel zurück. Keinesfalls stellt der Wassertransport heute noch eine Alternative zum Straßentransport dar.

Bei der Entwicklung Bangkoks hat der Ausbau des Straßennetzes eine hervorragende Rolle gespielt, denn abgesehen vom Anteil des Wassertransports geht der gesamte Güter- und Personenverkehr über die öffentlichen Straßen der Metropolis. Es gibt keinen schienengebundenen Verkehr mit eigenem Gleiskörper, wenn man einmal die für den innerstädtischen Verkehr belanglose staatliche Eisenbahn ausklammert. Die Relation zwischen bebauter Fläche und zur Verfügung stehendem Straßenraum erlaubt eine Vermutung über den Grad der generellen Verstopfung der Verkehrswege. In europäischen Großstädten, z.B. Hamburg, stehen etwa 25 % der bebauten Fläche dem Verkehr zur Verfügung.

Dieser Anteil beläuft sich in Bangkok auf nur 8,5 bis 11,5 %. Allein daraus ergibt sich eine nachteilige Situation. Zusätzlich zeigen sich bei näherer Analyse der Straßenführung zwar historisch begründete, nichtsdestoweniger aber leistungsunfähige Verhältnisse. Abgesehen von der eigentlichen Innenstadt, deren Nachteil sehr enge, zum Einbahnverkehr zwingende Straßen sind, besitzt Bangkok kein Straßennetz mit zahlreichen Alternativrouten. Stattdessen wird der Verkehr über eine beschränkte Zahl von Ein- und Ausfallstraßen geleitet, die entlang ehemaliger Kanäle laufen oder nach Zuschütten auf diesen entstanden sind und die am Rande der Innenstadt zusammentreffen und dort zu katastrophalen Verstopfungen führen. Es gibt nur sehr wenige Querverbindungen, über die ein Kraftfahrer ausweichen könnte, um diese Kreuzungen zu vermeiden.

Entlang diesen Ausfallstraßen sind in den letzten Jahrzehnten ausgedehnte Wohngebiete der höheren Einkommensgruppen, aber auch Industrien, Handelsniederlassungen, Unterhaltungsetablissements usw. entstanden, die das Verkehrsvolumen fühlbar vergrößern. Praktisch waren keine der privaten oder wirtschaftlichen „Besiedlungsaktionen" mit irgendwelchen Auflagen hinsichtlich Zufahrtsstraßen u. ä. verbunden, und meist ist auch die Gemeindeverwaltung nicht in der Lage, die erforderlichen Versorgungseinrichtungen rechtzeitig oder leistungsfähig genug zu erstellen. Diese Entwicklung hat dazu geführt, daß die Zubringerstraßen zu den Durchgangsstraßen (Sois) einen Minimalstandard kaum übersteigen. Oft ist es unmöglich, in ihnen zu wenden, und bei heftigen Regengüssen stehen sie unter Wasser. Sie haben nur selten die Funktion einer Verbindungsstraße zwischen zwei Durchgangsstraßen übernommen und sind dazu in der Regel auch gar nicht in der Lage. Üblicherweise werden sie von einem Khlong oder einem bebauten Grundstück abgeschlossen.

Bei dem vorhandenen und ständig steigenden Fahrzeugbestand sind die Durchgangsstraßen an ihren Kreuzungs- und Knotenpunkten hoffnungslos überfordert, wenn sich der Straßenverkehr in den Stoßzeiten massiert, ein Verkehrsunfall den Fluß der Fahrzeuge unterbricht oder heftige, jahreszeitlich bedingte Regenfälle tiefergelegene Straßenabschnitte unter Wasser setzen. In den letzten Jahren hat sich allerdings ein Zustand herausgebildet, der Stoßzeiten nicht mehr kennt, besser: der Zustand einer permanenten Stoßzeit. Messungen der Verkehrs- und Fahrzeugdichte, die 1972 mit deutscher technischer Hilfe durchgeführt wurden, ergaben, daß sich z. B. über die relativ schmalen Einbahnstraßen entlang dem Chinesenviertel stündlich 2.000 bis 2.500 Fahrzeuge bewegten, und zwar ohne Unterbrechung von 7 Uhr bis 22 Uhr. Aber auch die breiten, vielspurigen Durchgangsstraßen, z. B. die Rama IV. Road, zeigen allein in einer Richtung ein Minimum von 2.000 Fahrzeugen je Stunde bis 22 Uhr. In der Spitzenzeit zwischen 7.30 und 8.30 Uhr bewegten sich 6.822 Fahrzeuge über die Memorial-Brücke, 6.610 durch die Phahonyothin Road, die nördliche Ausfallstraße, und über 5.000 Fahrzeuge durch die Sukhumvit Road, die östliche Ausfallstraße. Eine Spitzendichte wurde am Hotel Dusit Thani, wo drei Arterien zusammenkommen, mit 10.150 Fahrzeugen/Stunde gemessen (anon., 1971; Kocks, 1975). Bedenkt man, daß sich seit der Zeit dieser Messungen der Kraftfahrzeugbestand in Bangkok fast verdoppelt hat, so kann man sich ein Bild von der gegenwärtigen Fahrzeugdichte machen.

Die Innenstadt und die neuere Innenstadt von Bangkok sind heute so mit Fahrzeugen vollgestopft, daß die Stadtverwaltung, die sich bisher standhaft weigerte, den Individualverkehr durch geeignete Maßnahmen zu beschränken, nun bereit ist, dem öffentlichen Massentransport die erforderliche Beachtung zu schenken. Bedenkt man, daß täglich allein 0,8 Millionen Fahrten von und zur Schule unternommen werden – nur 40 % der Kinder suchen ihre Schule zu Fuß auf – und daß 90 % aller Regierungsdienststellen in einem bestimmten Viertel der neueren Innenstadt liegen und den gleichen Dienstbeginn haben, so wird deutlich, warum es zu den unerhörten Massierungen von Fahrzeugen kommt.

Erstaunlicherweise geht die Zahl der Verkehrsunfälle und Schäden zurück, vielleicht, weil sich der Verkehr kaum noch bewegt. Es ist aber auch möglich, daß die Zahlen aus politischen Gründen geschönt wurden. 1969 wurden 8.264 Verkehrsunfälle mit 1.871 Toten, 7.558 Schwerverletzten und einem Sachschaden von 3 Millionen DM registriert. Für 1978 gelten die Zahlen 3.053 Unfälle, 89 Tote, 1.092 Schwerverletzte und 0,24 Millionen DM Sachschaden.

Daß eine Agglomeration von Menschen und Kraftfahrzeugen von den Ausmaßen Bangkok/Thon Buris erhebliche Umweltschäden auslöst, liegt auf der Hand. Der Erstickungstod der Großstädte unserer Erde, oft von verantwortungsbewußten Städteplanern und Statistikern beschworen, findet ein interessantes Beispiel in der thailändischen Metropolis. Dabei liegen die Ursachen sowohl im Straßenverkehr, in den Haushalten wie auch in den Industriebetrieben der Stadtregion, und je nach Art der Umweltbelastung überwiegt der eine oder andere Sektor. Die Luftverschmutzung, die jeder Besucher der Stadt sofort empfindet, geht in erster Linie vom motorisierten Straßenverkehr aus, wobei Unverstand und Geltungssucht Pate stehen. Das Pollution Committee der Stadt Bangkok stellt denn auch fest: „Tatsache ist, daß die Abgase der Kraftfahrzeuge die Umwelt in Bangkok mehr verseuchen als alle anderen Quellen einschließlich Industrie und Düsenflugzeugen. Der Grad der Pollution hat in vielen Teilen der Stadt die international vorgeschriebene Sicherheitsgrenze weit überschritten." (annon., 1970)

Die Sicherheitsgrenze für Kohlenmonoxid (CO) wird mit 50 ppm (Teile pro Million) angegeben, aber als die Kommission 1963 ihre Arbeit aufnahm, wurden in Bangkok Maximalkonzentrationen von 500 und ein Jahr später von 700 ppm gemessen. Durch das Verbot, neue Samlors zuzulassen, fiel die Zahl von 700 auf 300 in einem Jahr, und gegenwärtig reicht die Belastung der Luft mit Kohlenmonoxid in den Verkehrsdichtezentren Bangkoks von 110 bis 400 ppm. Wenn auch die Dieselabgase, welche Busse und Lastwagen von sich geben, gern als ungiftig eingestuft werden, so machen sie doch die Luft nicht atembarer, aber die Bestrafung einiger tausend Fahrer wegen zu dichter Auspuffgase hat bisher noch keine nachhaltige Besserung gebracht. Die Emission von Kohlenstoff (Ruß) und Schwefeldioxid ist nach wie vor groß, und auch der Bleigehalt der Luft steigt ständig. Hinzu tritt die Luftbelastung durch die Abgase der Industriebetriebe. Hier spielen Ruß aus Reismühlen und Kraftwerken, Staub aus den Zementfabriken, aber auch blei-, quecksilber- und chromhaltige Emissionen eine bedeutende Rolle.

Neben der Luftbelastung ist wohl die Lärmglocke der Stadt das Phänomen, das den – nicht autochthonen – Beobachter am stärksten beeindruckt. Messungen von Straßenlärm sind momentan nicht verfügbar; aber von ärztlicher Seite wurde mehrfach gewarnt, daß mit einer generellen Lärmtaubheit der Bevölkerung gerechnet werden muß, falls sich die Verhältnisse nicht ändern: Austausch der Auspufftöpfe gegen einfache verchromte Rohre, die von fast allen Motorfahrzeugen benutzt werden und Tag wie Nacht unvorstellbaren Lärm erzeugen, das ständige Pfeifen der Polizisten, das Brüllen der Lautsprecher vor vielen Läden, die lärmigen, oft elektrisch verstärkten Anpreisungen der Straßenhändler, die Schnellboote auf den Gewässern... Im Industriellen Bereich gibt es Messungen. So fand man an den Arbeitsplätzen von Textil-, Kunststoff- und Glasfabriken einen Lärmpegel zwischen 90 und 97 dB(A), in Flugzeugwerkstätten sogar bis 113 dB(A); als Vergleichsgröße möge die in der BR Deutschland geltende Obergrenze von 85 dB(A) dienen (anon., 1979a).

Schließlich ist das Problem der Wasserverschmutzung zu nennen, das besonders eng mit der Frage der Volksgesundheit verknüpft ist. Der Zustand des Mae Nam Chao Phraya ist, unter hygienischem Aspekt betrachtet, eine Katastrophe. Fünf Millionen Menschen und über 10.000 Fabriken an seinen Ufern leiten ihre Abwässer fast ausnahmslos ungeklärt ein. Da die Stadt noch immer keine Kanalisation besitzt und nur etwa ein Drittel der Abfälle zentral gesammelt wird, findet der Rest ebenfalls über Gräben und Kanäle, also über das Abwasser den Weg zum Fluß, dessen Schmutzbelastung zu 80% aus den Haushalten der Stadt kommt. Sogar Hospitäler leiten ihre Abwässer unaufbereitet in den Chao Phraya, und Schwermetalle wie Blei, Quecksilber, Chrom und Nickel sind der Beitrag der Industrien. Da praktisch alle Wohnhäuser die Fäkalien in Senkgruben sammeln, die bei Hochwasser hin und wieder überflutet werden, ist der Ausbreitung von Krankheitskeinen keine Grenze gesetzt, um so weniger, als oft private Brunnen für Trinkwasser nicht weit genug von den Senkgruben entfernt sind.

Die dadurch verursachte Belastung des Flusses ist größer als seine natürliche Reinigungskraft, der Sauerstoffbedarf für den Abbauprozeß enorm hoch, er kann vom Fluß nicht mehr gedeckt werden, so daß sich der Gehalt des Flußwassers an freiem Sauerstoff auf weiten Strecken um Null bewegt, während der biologische Sauerstoffbedarf bis auf 30.000 mg/l ansteigt. Ausländische Fachleute haben über das Wasserproblem dieser Riesenstadt alarmierende Gutachten erstellt, doch liegt das Ganze nach Auffassung aller Sachkenner an der Laxheit der Bevölkerung. Keine der ausgearbeiteten und teilweise auch durchgeführten Maßnahmen wird greifen, solange sie nicht von allen mitgetragen wird. „Ehe Bangkoks Umweltkatastrophe eine durchgreifende Aktion auslöst", merkt einer der Sachverständigen an, „muß die Lage in den nächsten zehn bis zwanzig Jahren so unerträglich werden, daß man die Stadt ganz einfach verlegen oder verlassen muß." (anon., 1976)

Ähnlich müssen auch die halbherzigen Bemühungen verstanden werden, mit denen man sich bisher der Verkehrsplanung angenommen hat. Wie bereits angedeutet, wurde hier das Denken der Verantwortlichen lange von der Zwangsvorstellung des individuellen Kraftwagenverkehrs bestimmt. Während zweier Jahrzehnte standen mit wachsendem Verkehrschaos immer neue Lösungsvorschläge zur Debatte, darunter sorgfältig durchdachte Studien ausländischer Berater, die in ihrer Mehrheit für ein leistungsfähiges öffentliches Massentransportmittel mit unabhängigem Verkehrsweg plädierten. Aber erst eine weitere Verschlechterung der Lage veranlaßte die verantwortlichen Behörden, entsprechende Maßnahmen zu erwägen und teilweise auch durchzuführen, wobei allerdings das Lieblingskind – die Hochstraße – immer wieder Priorität bekam. Eine Lösung des Verkehrsproblems wurde immer dringlicher, zumal man inzwischen tägliche Verluste durch Verkehrsstaus auf schätzungsweise eine Viertelmillion DM veranschlagte. Zahlreiche Projekte haben inzwischen zur Diskussion gestanden.

Der große Traum der Stadtplaner, ein leistungsfähiges Netz von Hochstraßen und Expreßwegen, das die Stadt in allen Richtungsn überspannen oder durchziehen sollte, wurde in dieser Form inzwischen aufgegeben. Der Bau einer Untergrundbahn, noch immer das vorteilhafteste Massenverkehrsmittel einer Großstadt, wäre nach Aussage von Fachleuten auch unter den geo- und hydrographisch ungünstigen Bedingungen Bangkoks möglich, wenn auch mit erheblichen Kosten. Ganz abgesehen davon würde der Bau einer solchen Anlage den Oberflächenverkehr der Stadt über viele Jahre hinaus streckenweise vollkommen lahmlegen. Die hohen Temperaturen, die zusätzliche Kühlanlagen erforderlich machen würden, und die steigende Kriminalität, die heute oft schon die oberirdischen Verkehrsmittel unsicher macht, wären zusätzliche Probleme. Vieles spricht für den Bau einer Hochbahn, und eine französische Firma hatte bereits 1967 eine ausführliche Planung vorgelegt und überzeugend deren Vorzüge nachgewiesen. Aber alle diese Vorschläge scheiterten letztlich an den anfänglich sehr hohen Investitionskosten.

In den letzten Jahren hat man in Bangkok einige Großbauten in Angriff genommen, um die Innenstadt zu entlasten. So wird es einen gebührenpflichtigen Expreßweg von Hafen Khlong Toey zum Norden der Stadt geben, einen „Mittelring" als östliche Stadtumgehung, eine zusätzliche Ausfallstraße nach Nordosten und – vielleicht das Wichtigste – in Verlängerung der Sathorn Road eine südliche Umgehung der Innenstadt mit einer neuen Brücke über den Chao Phraya nach Thon Buri. Diese Verbindung dürfte wesentlich zur Entlastung der Innenstadt beitragen. Zugleich geht man nun ernsthaft an die Planung eines öffentlichen Massentransportmittels.

Nahezu alle Überlegungen, die auf diesem Gebiet angestellt wurden, befürworten ein Transportmittel mit eigenem Verkehrsweg, vorzugsweise irgendeine Form von Schnellbahn. Der Umstand, daß jedes System dieser Art erhebliche Vorabinvestitionen verlangt, während gleichzeitig etwa 4.000 einsatzfähige Normalbusse in Bangkok zur Verfügung stehen und die Hauptverkehrsstraßen recht breit sind, hat eine Konzeption in die enge Wahl kommen lassen, die daraus Nutzen zieht. Im Augenblick arbeitet man daran, den Bussen auf den am stärksten befahrenen innerstädtischen Straßen eine Spur zu reservieren und ihnen absolute Priorität einzuräumen. Damit würde die Leistungsfähigkeit der Busse und somit auch ihre Attraktivität wesentlich erhöht, während der Privatwagen im Stau steckt. Für ein weites Gebiet der Innenstadt wird überhaupt nur der Bus und der Fußgänger zugelassen, während der Privatwagen zusätzlich besteuert wird, wenn er in diesen Bereich fahren will. Besonders interessant ist eine von deutschen Beratern ausgearbeitete Konzeption, derzufolge spezielle Hochstraßen mit je einer Spur in jeder Richtung zunächst von den vorhandenen Linienbussen befahren und bei Bedarf später für Schnellbahnen umgerüstet werden sollen (Kocks, 1975).

Positiv zu werten ist sicher, daß die verantwortlichen Planer begonnen haben, sich nicht länger am Individualverkehr zu orientieren, doch bleibt weiterhin das Problem, ein verkehrsgerechtes Verhalten der Bevölkerung durchzusetzen. Vielfach wird deshalb die Auffassung vertreten, daß ein Teil der Mißstände bereits durch administrative Maßnahmen behoben werden könnte. In der Theorie ist das sicher richtig, man übersieht aber, daß die Macht fehlt, die erforderlichen administrativen Maßnahmen auch durchzusetzen. Es ist völlig illusorisch zu glauben, Verkehrsregeln würden befolgt, außer um die eigene Haut zu retten. Einige Beispiele mögen das erläutern. Verkehrslichter werden von Fußgängern,

Radfahrern, hand- und fahrradgetriebenen Karren grundsätzlich nicht beachtet; Fußgänger verschmähen grundsätzlich die für sie gebauten Fußgängerbrücken; Autobahnen werden auch von Handkarren und Radfahrern benutzt, gekreuzt und gegen die Fahrtrichtung befahren; das Fehlen von Parkplätzen oder -häusern macht die ganze Stadt zum Parkplatz; trotz Verbot werden die meisten Fußsteige als Standort für Kleinhändler benutzt. Das hat zu der zynischen Bemerkung eines Zeitungslesers geführt, man möge doch künftig die Verkehrsregeln so formulieren, daß ihre Übertretung den gewünschten Erfolg eintreten läßt...

Nun darf über dem Verkehrsproblem und der Umweltbelastung nicht vergessen werden, daß eine Stadt in erster Linie eine Akkumulation von Menschen ist, die hier wohnen und leben müssen, und in der Tat sind es ja die Menschen, die den Verkehr und die Umweltbelastung auslösen. Sie stellen die Stadtverwaltung aber vor eine weitere, ebenfalls schwer zu lösende Aufgabe: Die Bereitstellung von Wohnraum (Durand-Lasserve, 1976 und 1980).

Die Wohnbevölkerung des Stadtgebietes Bangkok/Thon Buri wächst gegenwärtig um etwa 6% im Jahr, wobei sie in Thon Buri stärker zunimmt als in Bangkok, wo Bodenspekulation und steigende Baukosten die Ansiedlung und Behausung weiterer Menschen immer schwieriger machen. Der Anteil der Substandardbehausungen (slums) ist schwer zu ermitteln, weil über Wertmaßstäbe keine Einigkeit besteht. Eine eingehende Untersuchung aus dem Jahre 1958 zeigte, daß 34,5% der bebauten Fläche mit Häusern der höheren Einkommensschicht besetzt waren, währen ungefähr derselbe Anteil, nämlich 33,5%, auf die unterste Einkommensschicht kam und füglich den Slums zuzurechnen war. 1971 wurde ermittelt, daß 740.000 Personen unter diesen Bedingungen lebten (Michael, 1978). Wenn heute das Department of Town und Country Planning behauptet, nur 162.624 Menschen lebten in überbelegten Häusern und Slums, so kann das nur durch einen völlig anderen Bewertungsmaßstab erklärt werden, denn um 1,6 Millionen müssen mit einiger Sicherheit zur unteren Einkommensklasse gerechnet werden.

Die bisher unternommenen öffentlichen Maßnahmen im sozialen Wohnungsbau und Bemühungen in dieser Richtung von privater Seite haben kaum zur Verbesserung der Gesamtlage beigetragen. Im Gegenteil bewirkt auch hier die Anarchie in der Baugesetzgebung, daß die weniger begünstigte Bevölkerungsschicht von Jahr zu Jahr geringere Chancen hat. Wenn auch die Verhältnisse in Bangkok noch erheblich über denen anderer asiatischer Großstädte wie Kalkutta oder Hong Kong liegen, so ist das kein Grund, die Hände in den Schoß zu legen, wie es die Verantwortlichen leider tun. Daran ändert auch die 1973 gegründete National Housing Authority (NHA) nicht viel, die letztlich zu aufwendig und in zu geringen Mengen baut und deren Angebot auch nicht dem entspricht, was die

Mehrzahl der Slumbewohner wünscht. So hat sich z. B. der Versuch, sie in Etagenwohnungen in mehrgeschossigen Wohnblocks umzusiedeln, weitgehend als Fehlschlag erwiesen. Überhaupt scheint der Weg, Konzepten des sozialen Wohnungsbaus aus Ländern mit kaltem Klima zu folgen, nicht zum Ziel zu führen. Viel zu wenig hat man versucht, das Selbsthilfepotential der Betroffenen zu mobilisieren und zu fördern (Angel, 1977).

Die Zukunft Bangkoks könnte nur im Rahmen eines allseits anerkannten, finanzierbaren und konsequent durchgeführten Stadtentwicklungsplans gestaltet werden. Und so bringen auch die Zeitungen und Zeitschriften der Stadt seit Jahren in angemessenen Abständen offizielle Verlautbarungen über die Notwendigkeit von Stadtplanung und die zu erwartenden Maßnahmen. Dabei ist es bis heute allerdings weitgehend geblieben, denn vor den Erfolg jeder Planung haben die Götter die effektive Verwaltung gesetzt, und an dieser fehlt es nach wie vor in der Metropolis. Ihre gegenwärtige Struktur ist nicht geeignet, die komplexen Wachstumsprobleme zu lösen, weil die Verantwortlichen für die verschiedenen Sachfragen auf zu viele Ressorts verteilt sind, die nicht unbedingt immer gut zusammenarbeiten. Die 1972 gegründete und mit 30.000 Mitarbeitern ausgestattete Bangkok Metropolitan Administration (BMA) ist verantwortlich für die Volksschulen, den Bau und Unterhalt von Straßen und Kanälen, Abwasserbeseitigung und Gesundheitsdienste. Demgegenüber haben Wasser-, Strom- und Telefonversorgung, die Polizei, die NHA und die BMTA (s. o.) eigene Verwaltungsstrukturen und unterstehen in der Regel den Fachministerien. 36 % des Landes sind im Besitz des Königs, der Krone oder von Regierungsstellen, der Rest gehört privaten Eigentümern, die sich dieses Bodens frei bedienen können. Aus diesen und anderen Gründen sollte man nicht allzu viel Hoffnung in immer wieder erneuerte Stadtplanungskonzepte setzen.

Die erste Anstrengung in dieser Richtung wurde vor 1960 gemacht, als der sog. „Litchfield-Plan" ausgearbeitet wurde (Litchfield, 1960). Er nahm für 1990 eine Bevölkerung von 4,5 Millionen an und legte einen modernen, umfassenden Entwurf für die Umgestaltung der Stadt vor, der sich hauptsächlich an „Entwicklungsachsen" orientierte. Er schloß ein „Zoning"-Prinzip ein, d. h. eine Trennung von Industrie- und Wohngebieten, die Errichtung von Subzentren für die Versorgung der Bevölkerung, die Anlage von Ring- und Durchgangsstraßen, Wohnungsbau und Slumsanierung. Der Planentwurf wurde von der Behörde nicht akzeptiert und veraltete rasch in seinen Daten, wenn auch nicht in seinen Prinzipien.

In jüngerer Zeit hat das Department of Town and Country Planning einen neuen Entwicklungsplan für Bangkok vorgelegt, der mit einer Einwohnerzahl von 6,5 Millionen im Jahre 1990 rechnete und einen weiten Umkreis in die Planung mit einbezog. Er behandelte auch einen großen Teil der Probleme, unter denen Bangkok gegenwärtig leidet. Separate Wohngebiete sollten in solche mit geringer, mittlerer und hoher Wohndichte eingeteilt, Handelsunternehmen und -zentren entsprechend den Bedürfnissen und den Transportmöglichkeiten eingerichtet werden. Man dachte an wesentlich erweiterte Industriezonen in Form von Industrial Estates etwas außerhalb der Wohnstadt und auch an Erholungsräume innerhalb der Stadt, die heute nur spärlich vertreten sind. Allerdings ignorierte der Plan vollkommen die Notwendigkeit eines leistungsfähigen öffentlichen Massentransportmittels in einer Stadt von nahezu 7 Millionen Einwohnern und dachte noch immer in Begriffen des Individualverkehrs: sogar eine 20 km lange Schnellstraße sollte über dem Wasser des Mae Nam Chao Phraya gebaut werden!

Von dieser Planung ist heute vor allem die Konzeption einer aufgelockerten, polyzentrischen Entwicklung lebendig geblieben, bei der die zentralistische Struktur der Gegenwart, wo sich Verwaltung, Handel, Bankwesen und Verkehr allein nach der Innenstadt orientieren, etwa durch Stadtbezirke mit eigenem Verwaltungs- und Handelsschwerpunkt abgelöst wird. Das ist eine akzeptable Vorstellung, deren Durchführung Bangkok vielleicht lebensfähig halten könnte.

Es ist aber klar, daß, was immer ein Plan beinhalten mag, seine Durchführung mit der gesetzlichen und administrativen Basis steht und fällt. In Bangkok ist die Aufgabe besonders groß und schwierig. Viele „wohlerworbene Rechte" und manch psychologische Barriere stehen im Wege. Die geographisch-hydrographischen Schwierigkeiten der Stadtentwicklung erscheinen oft geringer als die, die durch Gewohnheit und traditionelle Wertmaßstäbe der Bewohner aufgerichtet werden. Solange aber eine Gemeinde, in der Handel, Industrie und persönlicher Reichtum akkumuliert sind, arm bleibt, weil der Großbesitz und die Großeinkommen nicht angemessen besteuert werden, solange die Gemeinde am Wertzuwachs nicht partizipieren kann, der aus der Bodenspekulation herrührt, wird keiner der Pläne effektiv verwirklicht werden.

3. Zentralthailand

Die Zentralregion ist das eigentliche Kernland des Königreichs. Hier finden wir die Landschaft, die gemeinhin als „typisch" angesehen wird und in der sich während der letzten 600 – 700 Jahre die von Norden zuwandernden Thais eine neue Heimat eroberten. Hier lagen die Hauptstädte der Sukhothai-, der Ayutthaya- und der Thon Buri-Periode, und hier liegt Bangkok, seit 1782 Hauptstadt und Residenz des Königs. Das „Typische" an dieser Region ist, daß hier über lange Zeit das Wort König Ramkhamhaengs galt, das dieser im Jahre 1292 in Stein schlagen ließ: „Im Wasser gibt es Fisch und Reis auf den Feldern. Der König erhebt keine Steuern von seinem Volk... und die Augen der Menschen strahlen..."

Eine Wirtschaftslandschaft also, die alle Voraussetzungen für eine Deckung der Grundbedürfnisse bot, solange sich die Bevölkerung zahlenmäßig in Grenzen hielt und ihre Ansprüche kaum über die Grundbedürfnisse hinausgingen. Inzwischen hat sich die Lage geändert. Bangkok ist zu einer Riesenstadt von rund 5 Millionen Einwohnern geworden, deren wohlhabende Schicht mehr und mehr Besitz vom Umland ergreift und dort neue Bedürfnisse weckt. Die Landbewohner nehmen sie gern an und zahlen den Versuch, sie zu befriedigen, oft mit ihrem wirtschaftlichen Untergang.

Auch Zentralthailand, einst der ruhende Pol inmitten turbulenter Grenzregionen, ist nicht mehr, was es war.

Als „Zentralregion" wollen wir das Gebiet verstehen, das bei einer Fläche von 104.000 km^2 von der Nord-, der Nordost- und der Südregion begrenzt wird. Die Flächenangabe umschließt das Gebiet von Groß-Bangkok (3.200 km^2) und die Subregion Südost (36.400 km^2), die aber besonders vorgestellt werden. Um die vorhandenen Statistiken besser ausnutzen zu können, schlagen wir die obere Zentralregion (Donner, 1978), in der z. B. Sukhothai liegt, mit zum Norden und entsprechen damit dem derzeit gängigen Planungskonzept. Die so abgegrenzte Region zieht sich von Bangkok aus 200 – 300 km nach Norden, nach Südwesten und Südosten, wobei sie die Bucht von Bangkok an drei Seiten umschließt. Die Ausdehnung in ostwestlicher Richtung variiert zwischen 14 km auf der Halbinsel und rund 400 km zwischen der birmanischen und der kambodschanischen Grenze.

Das Herz dieser Region ist die „Zentralebene", das Tiefland des Mae Nam Chao Phraya und seiner Nebenflüsse, eine extrem flache Landschaft, deren Gefälle 1 m auf 10.000 m mißt und somit kaum wahrnehmbar ist. Die 100-m-Isohypse verläuft nicht weniger als 470 km nördlich der Golfküste und liegt damit weit außerhalb der Zentralregion im engeren Sinne. Folgt man dem Tal des Mae Nam Kwae Noi von seiner Mündung in nordwestlicher Richtung, so erreicht man die

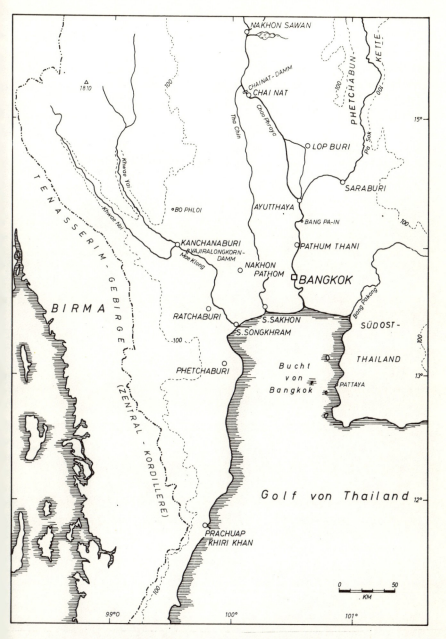

Karte 3: Orientierungskarte für Zentralthailand

100-m-Isohypse erst nach 240 km. Die Breite des Tieflandes bewegt sich zwischen 200 und 50 km. In nördlicher Richtung steigt es sehr allmählich zu den Vorbergen des äußeren Nordens an. Im Osten und Westen wird es von hügeligen Vorgebirgen eingerahmt, die zwischen 40 und 80 km breit sind und aus Sedimentterrassen bestehen. Das Material wurde im Laufe der Zeit von den Bergen gewaschen. Die Vorgebirge wiederum werden von Gebirgszügen umgeben, und zwar von der Zentralkordillere (Tenasserim-Gebirge) im Westen und dem südlichen Ende der Phetchabun-Kette im Osten. Sowohl im Tiefland als auch auf den Vorgebirgsterassen ragen zahlreiche Inselberge, Turm- und Kegelkarstketten und andere steile Felsformationen aus der Landschaft auf 500 – 600 m über NN auf.

Die westlichen Grenzberge setzen sich aus verschiedenen Ketten zusammen, sind nur von Bergstämmen spärlich bevölkert und wenig erforscht. In weiten Teilen übersteigen sie 1.000 m, die Täler sind oft tief eingeschnitten, und das ganze Gebiet ist für den modernen Verkehr kaum zugänglich. Das Bergsystem gipfelt im Khao Ton Thai bei 1.810 m.

Eine hypsometrische Analyse der Region (unter Einbeziehung der oberen Zentralebene, aber ohne den Großraum Bangkok und den Südwesten) ergibt, daß 43,3 % des Landes unterhalb von 100 m, 34,9 % zwischen 100 und 500 und nur 21,8 % über 500 m Meereshöhe liegen. Mithin bestimmen bis hinauf nach Uttaradith die Flußebenen das Gesicht und das Potential der Region. Durch einen langandauernden Abtragungsprozeß und die hohe Transportkraft der Flüsse haben sich Alluvium, Eluvium, Flußkies und anderes Füllmaterial in den Talböden gesammelt und eine Ebene geformt, die ein Zusammenspiel von Fluß- und Meeressedimentation noch heute um schätzungsweise 4,50 bis 7,00 m im Jahr nach Süden vorrnschiebt. Bohrungen im Raume Bangkok erreichten bei 300 m Tiefe noch nicht das feste Gestein. So versteht man, daß z. B. die Stadt Lop Buri, heute 120 km nördlich der Golfküste, einst eine Hafenstadt war, und man begreift ferner, warum der Hafen Bangkok seit seinem Bestehen mit der Sedimentfracht des Chao Phraya unter anderem deshalb zu kämpfen hat, weil der Fluß – wie andere Flüsse auch – vor der Mündung gefährliche Sandbarren aufbaut, die den Zugang zum Hafen behindern.

Die Golfküste der Region besteht überwiegend aus Sumpfflächen vor Buchten und Flußmündungen, die dicht mit Mangroven und Nipapalmbeständen besetzt sind. Nur an der Westküste des Golfs, wo sich die Region bis südlich Prachuap Khiri Khan hinzieht, kommt es durch kräftigen Seegang und Wind zur Dünenbildung. Als Gewässer ist der Golf von Thailand und besonders die Bucht von Bangkok heute enormen Umweltbelastungen ausgesetzt. Die von den Haushalten der Hauptstadt und von den am Fluß und entlang der Küste liegenden Industriebetrieben ins freie Gewässer eingeleiteten Abwässer und Abfallstoffe reichern das Golfwasser bereits zu einem solchen Grade mit Schadstoffen an, daß Ertrag und Qualität der gefangenen Seefische rapide zurückgehen. Die off-shore Ölbohrungen tun ihr übriges, und seit vielen Jahren sind auch die Badeküsten um Patthaya durch die Verschmutzung gefährdet.

Die Hydrologie der Region wird überwiegend vom System des Chao Phraya bestimmt, dessen Einzugsgebiet von insgesamt 177.550 km^2 zu 24 % in der Zentralregion liegt. Seine Quellflüsse Ping, Wang, Nan und Yom vereinigen sich nördlich von Nakhon Sawan in der inneren Nordregion zum eigentlichen Chao Phraya, in den später auch der aus der Phetchabun-Kette kommende Pa Sak mündet. Davon unabhängig existiert nur noch ein größerer Fluß, der Mae Nam Klong, der einen Teil der westlichen Grenzberge entwässert. Der Mae Nam Bang Pakong, der Hauptfluß des Südwestens, wird an anderer Stelle behandelt.

Die durch das Monsunregime bedingte starke jahreszeitliche Schwankung der Wasserführung mit einander abwechselnden Trockenperioden und Überschwemmungen gehört zu den hydrographischen Problemen der Region. Durch den Bau der beiden großen Stauwerke über dem Mae Nam Ping (Bhumiphol-Damm) und dem Mae Nam Nan (Sirikit-Damm) wurde die Wasserführung zweifellos ausgeglichener. Die Relation zwischen Minimum- und Maximumabfluß bei Nakhon Sawan sank von 1 : 101 vor auf 1 : 21 nach dem Bau des Bhumiphol-Dammes, und der etliche Jahre später geschlossene Sirikit-Damm hat diese Tendenz inzwischen verstärkt. Indessen darf nicht übersehen werden, daß diese weit im Norden gelegenen Dämme nur das Wasseraufkommen kontrollieren können, das in Form von Regen nördlich der Staumauern fällt. Von hier bis zum südlichen Ende der Zentralebene sind es aber 500 km, und der Regen, der auf ein Gebiet von etwa 70.000 km^2 fällt, strömt über die anderen Flüsse und den Unterlauf des Chao Phraya nahezu ungehindert in die Ebene hinein.

Charakteristisch für den Unterlauf des Chao Phraya ist, daß er sich infolge des sehr geringen Gefälles und seiner beträchtlichen Sedimentfracht gabelt und Seitenflüsse auswirft, die entweder nach einiger Zeit zum Hauptfluß zurückkehren oder einer eigenen Mündung zufließen. So zweigt etwa der Tha Chin nördlich von Chai Nat nach Westen ab und mündet bei Samut Sakhon in den Golf. Solche Seitenflüsse beginnen oft erst zu fließen, wenn der Hauptfluß eine bestimmte Wasserhöhe erreicht hat.

Der Zusammenhang zwischen den monsunbestimmten Regenfällen und der Abflußmenge der Flüsse ist in der Zentralebene besonders eindrucksvoll. Im Mai oder Juni steigen die Flüsse zum erstenmal, und zwar um 2–3 m, über ihren Tiefstand innerhalb von nur ein bis drei Wochen, bevor sie im Juli wieder um 1–2 m fallen. Dann folgt ein allmählicher Anstieg bis Ende September, wo sie ihr Maximum erreichen und in der Regel über die Ufer treten, bevor sie im Laufe des November wieder auf ihren normalen Tiefstand absinken.

Der Mae Nam Chao Phraya folgt diesem Regime mit einigen Abweichungen. Die Verlaufskurve ist flacher, und der Wasserhöchststand wird in seinem Unterlauf erst im November erreicht, was sich daraus erklärt, daß das Flußwasser zu einem erheblichen Teil über die Bewässerungskanäle oder anderweitig über die Ufer auf die Felder abfließt.

Bekanntlich hängt die Reisernte von der Verfügbarkeit der richtigen Wassermenge ab. Die jährliche Wasserführung der Flüsse ist aber beträchtlichen Schwankungen unterworfen. So betrug etwa die Flußhöhe des Chao Phraya seit 1831 zwischen 2,80 m und 5,23 m. Hinzu kommt, daß die Aktivität des Flusses ständig Aufschüttungen erzeugt oder Senken ausgräbt, die Ebene des Unterlaufs also keineswegs flach wie ein Tisch ist. Und so stehen die einzelnen Teile bei Flut sehr unterschiedlich unter Wasser, und Flutmenge und Wassertiefe sind entscheidende Unsicherheitsfaktoren bei der Reisproduktion.

Neben dem Oberflächenwasser spielen auch die Grundwasserreserven der Region eine wichtige Rolle, denn die Ebene besteht aus einem Material, das sich hervorragend als Wasserspeicher eignet. Es wird die Existenz mehrerer übereinanderliegender wasserführender Schichten vermutet, von denen bis heute allerdings nur die obersten genutzt werden.

Die Oberflächengestalt der Region übt einen beträchtlichen Einfluß auf ihr Klima aus. Da ist einerseits die Abschirmung durch die Gebirge im Westen, Norden und Osten und andererseits die offene Küste mit der Wassermasse des Golfs und des Südchinesischen Meeres, deren Einfluß sich ungehindert die Ebene hinauf nach Norden auswirken kann. Dennoch liegen die jährlichen Niederschläge durchweg nur zwischen 1.200 mm und 1.300 mm, wenngleich natürlich die dem Sommermonsun zugewandte Westabdachung der Zentralkordillere mit 1.498,1 mm und der Phetchabun-Kette mit 1.351,8 mm die höchsten und die im Regenschatten liegende Ostabdachung der Zentralkordillere mit 977,1 mm die geringsten Niederschläge erhalten. Die monatliche Verteilung der Regenfälle variiert leicht von Ort zu Ort, doch steigen diese durchweg vom Tiefstand um die Jahreswende zum Maximum im August/September an und fallen danach wieder ab. Der September ist der Monat mit den stärksten Niederschlägen in der ganzen Region, obwohl es in einigen Gebieten der unteren Subregion noch ein Maximum im Mai gibt.

Die Untersuchung der Temperaturen zeigt sowohl einen eindrucksvollen Einfluß der Landmasse im Norden als auch der Wasserfläche im Süden. Die mittleren jährlichen Maximaltemperaturen steigen kontinuierlich vom Süden (Prachuap Khiri Khan 31,8 °C) zum Norden (Uttaradit 34,0 °C). Ein Vergleich der jährlichen Maxima und Minima zeigt besonders deutlich den Unterschied zwischen einem mehr kontinentalen Klima im Norden und einem mehr maritimen im Süden der Region. In den Monaten mit der größten Temperaturdifferenz liegt diese in Uttaradit bei 17,0 °C und bei Prachuap Khiri Khan bei 9,2 °C.

Das Tiefland, das sich von der Golfküste entlang den Hauptflüssen nach Norden zieht, besteht aus Böden unterschiedlicher Qualität. Abgesehen von den Dünen- und Küstenformationen, die nur einen schmalen Streifen in der Provinz Prachuap Khiri Khan einnehmen und sich für Kokospalmenbepflanzung eignen, bieten sie sich zur Reiskultur an. Jüngere marine und Brackwasserablagerungen – auf denen z. B. die Hauptstadt Bangkok liegt – folgen dem Küstensaum. Unter dem Einfluß des Meerwassers überwiegen Mangroven und andere salzresistente Pflanzen an der Küste, aber landeinwärts nimmt der Reisbau und vor allem der Großanbau von Obst um die Hauptstadt zu. Allerdings ist das Gebiet zunehmend durch das Eindringen von Salzwasser bedroht. Wenn nämlich der Fluß Niedrigwasser führt, kann das Meerwasser bei Hochflut und Südwinden 30 – 50 km flußaufwärts vordringen.

Landeinwärts folgen nun ältere Ablagerungsebenen, die ihre natürliche Vegetation fast völlig verloren haben. Abgesehen von Galeriewäldern längs der Wasserläufe tragen sie ausschließlich Reisland von sehr unterschiedlicher Qualität. Diese Gebiete sind üblicherweise während vier bis sieben Monaten im Jahr um mehr als 1 m überflutet, und der Reis wird vor der Flut direkt ins Feld gesät. Verpflanzung des Reises bei Sorten mit kürzerer Reifezeit erfolgt nur in solchen Teilen der Region, wo die Kontrolle des Wassers gesichert ist. In Tiefwassergebieten wird sogenannter „Tiefwasserreis" gesät, der mit der steigenden Flut bis zu 5 cm am Tag wächst und Wassertiefen von 2 – 3 m überdauert (Judd, 1973).

Das Tiefland wird halbkreisförmig von niederen und höheren Terassen aus älterem Alluvium umgeben, das früher mit laubabwerfenden Monsunwäldern und wechselweise mit Dornbusch- und Bambuswäldern dicht bewachsen war. Die Entwaldung ist heute weit fortgeschritten, und während die tieferen Lagen trotz gelegentlicher Bewässerungsprobleme mit verpflanztem Reis bestellt werden, tragen die höher gelegenen Böden Baumkulturen und, bei mäßigen Wachstumsbedingungen, Kulturen des Trockenfeldbaus wie Tabak, Baumwolle und Zuckerrohr. Der Dipterocarp-Wald, der in höheren Lagen und auf steilen Hängen überdauert hat, wird mehr und mehr durch Wanderhackbau degradiert.

Die Gebirgszüge, die, außer im Süden, die Region umschließen, setzen sich aus Kalkgestein, Graniten und Quarziten zusammen, wobei oft zerrissene Erosionsflächen mit strukturellen Plateaux abwechseln. In den östlichen Randbergen treten auch magmatische Gesteine zutage. Inselberge und Karstketten geben einigen Randlandschaften ihren besonderen Charakter. Abgesehen von begrenzten günstigen Lagen sind die Böden dieser Randberge kaum für die landwirtschaftliche Nutzung geeignet, und obwohl der Wanderhackbau quantitativ nicht mit dem in Nordthailand verglichen werden kann, spielt er doch eine Rolle. Von den Böden der gebirgigen Provinzen der Region werden über 6% auf diese Weise wirtschaftlich genutzt.

Die natürliche Bodenabtragung in der Region ist noch keineswegs zum Stillstand gekommen und wird durch anthropogene Erosion weiter verstärkt. Besonders im Einzugsbereich der nördlichen Quellflüsse des Mae Nam Chao Phraya beträgt die jährliche Bodenabtragung bis zu 158 t/km^2, während diese Zahl in den mehr bewaldeten und weniger besiedelten westlichen Grenzbergen nur bei 80 t/km^2 liegt. Und so macht sich auch in der Zentralebene die fortschreitende Bodenabtragung auf dem höher gelegenen Bauernland bemerkbar. Die Flüsse, die über einen langen Zeitraum die Ebene mit aufgebaut haben, führen auch heute weiter Bodenbestandteile und gelöste Nährstoffe heran.

Die Zentralregion, außer Bangkok, aber einschließlich des Südostens, umfaßt 20% des Staatsgebietes, und in ihr wohnen (1980) etwa 22% der Gesamtbevölkerung. Vergleicht man den Bevölkerungszuwachs zwischen 1960 und heute, so zeigt sich, daß die Bevölkerung am dicht besiedelten Unterlauf des Chao Phraya weniger stark gewachsen ist als in den Randgebieten im Westen und Osten. Das deutet darauf hin, daß die enorme Anziehungskraft Bangkoks weiter Menschen aus ihrem Umfeld aufsaugt, während sie mit zunehmender Entfernung abnimmt.

Natürlich liegt die Bevölkerungsdichte in den intensiv bewirtschafteten Reisbauprovinzen der unteren Ebene höher als in den Provinzen der Randgebiete, also etwa in Samut Songkhram bei 407/km^2 gegenüber Kanchanaburi mit 17/km^2, aber die äußeren Provinzen haben zum Teil in den letzten Dekaden eine eigenständige Entwicklung durchgemacht, die zu beachtlichen Zuwachszahlen geführt hat. So wuchs z.B. die Bevölkerung von Samut Songkhram zwischen 1960 und 1970 um nur 0,2% gegenüber Kanchanaburi mit 41,0%. Es muß aber hier angemerkt werden, daß die erfolgreiche Familienplanungspolitik Thailands vor allem in Bangkok und in der Zentralregion auf großes Interesse gestoßen ist, so daß angenommen wird, ein gewisser Saturierungsgrad sei bereits um 1975 erreicht worden (Cochrane, 1979).

Sicherlich gibt es auch einen Verstädterungsprozeß in der Region, aber die Anziehungskraft von Bangkok ist so groß, daß die Rolle der anderen Städte immer unbedeutender wurde. Je kleiner eine Provinzstadt ist, um so weniger attraktiv wirkt sie. Mußte zwischen 1947 und 1960 eine Stadt wenigstens 15.000 bis 20.000 Einwohner haben, um Abwanderer vom Lande aufzunehmen, so waren es zwischen 1960 und 1967 die Städte mit 20.000 bis 30.000 Einwohnern, die die Nettowanderungsgewinne machten. Aber Bangkok baute seine erdrückende Übermacht weiter aus, und heute absorbiert es zusammen mit seinem halbstädtischen Umland die große Mehrheit der innerregionalen Migranten auf Kosten der Dörfer, der Klein- und Mittelstädte. Zu den größeren Städten der Region rechnen heute (1970) Ayutthaya mit 37.000 und Nakhon Pathom mit 35.000 Einwohnern (Romm, 1973).

Es darf allerdings nicht übersehen werden, daß die Migranten keineswegs immer in die Hauptstadt ziehen, sondern ihr Heimatdorf oft auf der Suche nach besserem Land verlassen. Das ist immer häufiger der Fall, weil der Boden durch den ständig steigenden Bevölkerungsdruck, das heißt den Bevölkerungszuwachs, immer knapper wird, und erklärt, warum in einigen Randprovinzen zwar das Städtewachstum unbedeutend, der Bevölkerungszuwachs aber eindrucksvoll ist. Wo immer landwirtschaftliche Entwicklungsprojekte aufgenommen werden oder sich die Chance bietet, Wald- oder Buschland unter Kultur zu nehmen, finden sich Neusiedler aus den überbevölkerten Reisbaugebieten ein. Dieser Prozeß einer Ausweitung des Kulturlandes stößt aber nun, vor allem in der Zentralregion, an seine natürlichen Grenzen.

Die Berufsstruktur der regionalen Bevölkerung hat gegenüber der nationalen Gliederung immer einen entwickelteren Zustand gezeigt. Das gilt auch heute noch. Gliedern wir auf der Grundlage der vorhandenen Beschäftigungsstatistiken die Berufsbevölkerung in einen primären (Land- und Forstwirtschaft, Fischerei und Bergbau), einen sekundären (Industrie, Bauwirtschaft und öffentliche Versorgung) und einen tertiären Sektor (Handel, Transport und Dienstleistungen), so waren 1978 im nationalen Maßstab in diesen Sektoren 73,9 % bzw. 8,5 % bzw. 17,6 % der Berufsbevölkerung beschäftigt. Zwischen 1960 und 1980 sank der Anteil am Primärsektor in der Zentralregion von 75,6 % auf 66,5 %; im sekundären Sektor stieg er von 6,0 % auf 11,9 % und im tertiären Sektor von 18,4 auf 21,6 %. Der Rückgang der in der Landwirtschaft Beschäftigten deutet auf eine fühlbare Verschiebung der Wirtschaftsstruktur hin, die man, außer in Groß-Bangkok, in keiner anderen Region in einem so ausgeprägten Maß findet.

Die Tatsache, daß der Anbau von Wasserreis die Nahrungsbasis für Thailand schafft, ist schon früh nachzuweisen; allerdings ist weniger klar, wann künstliche Bewässerung in der Zentralregion eine entscheidende Rolle gespielt hat. Als gesichert kann angenommen werden, daß bereits in der Sukhothai-Periode (1238–1350) technische Maßnahmen ergriffen wurden, um den Reisanbau durch zusätzliche Wasserkontrolle zu fördern, wennschon der Bau von Kanälen in dieser frühen Zeit überwiegend dem Transport diente. Man spricht deshalb in der Literatur gelegentlich geradezu von einer „hydraulischen Gesellschaft". Ein zielstrebiger Ausbau der Bewässerungstechnik begann in der Zentralregion allerdings erst, als eine Reihe von Umständen dazu zwang: die tödliche Flut, die die Zentralebene 1831 traf, die wachsende Bevölkerung und, nicht zuletzt, der Eintritt Thailands als Reisexportland in den Weltmarkt nach 1850 (Wijeyewardene, 1973).

Vor welche Probleme Topographie und Hydrographie die Bewässerungstechnik zur Förderung des Reisanbaus stellen, wurde schon angedeutet. Es liegt deshalb auf der Hand, daß eine fortschreitende Kontrolle der Flüsse und der Ausbau eines leistungsfähigen Bewässerungs- und Dränagenetzes eine hohe Priorität in der modernen Entwicklungsplanung haben. Bis heute bilden allerdings nur der Bhumiphol- und der Sirikit-Damm mit 13,4 bzw. 10,5 Mrd m^3 Speicherkapazität echte Abflußkontrollbauten, während etwa 20 Ableitungsdämme, unter ihnen der Chai-Nat-Damm über den Chao Phraya und der Vajiralongkorn-Damm über den Mae Klong, mehr oder weniger ausgedehnte Bewässerungsflächen mit Wasser versorgen, das der jeweilige Fluß bereitstellt. So bilden sich zeitweise ausgedehnte Überflutungsgebiete, und vor allem da, wo das Land über viele Monate unter zwei bis drei Meter tiefem Wasser liegt, haben sich verschiedene Formen „amphibischen" Lebens herausgebildet, sei es nun, daß die Leute im Obergeschoß ihrer Pfahlbauten die Flutzeit überdauern, sei es, daß sie am Ufer der Flüsse in Hausbooten leben, die mit der Flut steigen – die Zahl der Formen ist groß, mittels derer sich die Menschen den hydraulischen Verhältnissen anpassen (Uhlig, 1979).

Mitte der 1970er Jahre wurde die durch das Chao Phraya-System einschließlich der Pumpenbewässerung versorgte Kulturfläche mit rd. 2,2 Millionen ha veranschlagt, eine Zahl, die nach den vorliegenden Plänen bis Mitte der 1980er Jahre auf rd. 2,4 Millionen ha anwachsen soll. Indessen stellt die wirklich effektive Nutzung der Wasserreserven und des verfügbaren Landes die Planer und die Bauern vor zahlreiche technische und organisatorische Probleme, deren Lösung nicht ohne weiteres in einer schlichten Ausdehnung der Bewässerungsfläche bestehen kann. Sie reichen von der Unsicherheit der Zufuhr von genügend Wasser in Trockenjahren bis zur sachgerechten Nivellierung und Eindeichung der zu bewässernden Felder. Neue Studien haben ergeben, daß der Mae Nam Chao Phraya bereits 1975 nicht genug Wasser liefern konnte, um die vorhandenen Bewässerungsflächen zu versorgen, und daß man sich mit dem Gedanken trägt, größere Wassermengen durch Kunstbauten vom Mae Klong und sogar vom Mekong in das Einzugsgebiet des Chao Phraya einzuspeisen (Acres, 1979). Daß der Wassertransport bis zum Feld des letzten Bauern nicht sichergestellt ist, ist allgemein bekannt. Hier, wie in vielen Ländern mit Bewässerungswirtschaft, fehlt es nach dem Bau der Schlüsselanlagen an Mitteln, das Bewässerungsland entsprechend herzurichten und die Bauern in der neuen Technik auszubilden (Judd, 1973).

Obwohl der Reisanbau in der Region dominiert, wandelt sich das Bild der Landnutzung doch wesentlich von der Bangkok-Ebene zu den Randprovinzen. Die endlos erscheinenden Reisfelder in der Flußebene des Chao Phraya mit den Dörfern entlang den Flüssen und Kanälen und gelegentlichen Galeriewäldern gehen in Terrassen mit überwiegend Regenfeldbau und schließlich in bewaldete Randgebirge über. Am deutlichsten zeigt sich der Wandel, wenn man einige Landnutzungszahlen gegenüberstellt (anon., 1968). In der Provinz Pathum Thani, die in der zentralen Reisebene nördlich Bangkok liegt, sind beispielsweise 94,5 % des Landes unter Kultur. Von diesen entfallen 90,2 % auf Reisbau und 3,1 % auf Regenfeldbau, Waldland wird nicht ausgewiesen. Demgegenüber sind in der Provinz Prachuap Khiri Khan, die in die westlichen Randberge hinaufreicht, nur 15,9 % des Landes unter Kultur. Von diesen entfallen 6,8 % auf Reisbau und 30,8 % auf Regenfeldbau, 60,8 % der Provinzfläche werden als Wald ausgewiesen.

Über eine lange Zeit hat die Frage des Bodeneigentums in Zentralthailand eine ebenso geringe Rolle gespielt wie in anderen Teilen des Königreiches. Bis 1850 bestand die Zentralebene aus Dörfern mit einer selbstversorgerischen Wirtschaft und einer ausgeglichenen Sozialstruktur, die sich erst mit dem Bowring-Vertrag von 1855 aufzulösen begann, der die thailändische Wirtschaft in den Welthandel einbezog. Die Produktionsstruktur orientierte sich hinfort an den äußeren Märkten. Der Reisexport wuchs von 5 % im Jahre 1850 auf 50 % im Jahre 1930, und die zunehmende Einfuhr von Fertigwaren führte zum Niedergang des nichtlandwirtschaftlichen dörflichen Gewerbes. Akkumulation persönlichen Reichtums trat an die Stelle des Anhäufens guter Taten, Pachtverhältnisse und Landlosigkeit wurden immer bedeutender, und die zunehmende Trennung von Stadt und Land blieb zunächst nur dadurch verdeckt, daß enorme Produktionssteigerungen auch der Zentralregion steigenden Wohlstand bescherte. Erst in der zweiten Hälfte des 20. Jahrhunderts wurden alle diese Negativerscheinungen offenbar (Douglass, 1981).

Noch vor 15 – 20 Jahren wurden mehr als 82 % des Kulturlandes in der Region vom Eigentümer bewirtschaftet, aber schon damals zeigte sich, daß in den reinen Reisbaugegenden nördlich von Bangkok diese Zahl bis unter 42 % abgesunken war. Die aggressive Marktpolitik der Bangkoker Geschäftswelt führte zu einer zunehmenden Verschuldung der Bauern und dem Verlust ihres Bodeneigentums. Daß sich diese Tendenz mehr und mehr verstärkt hat, liegt auf der Hand. Da es praktisch kein Land mehr gibt, das zusätzlich unter Kultur genommen werden kann, werden die Betriebsgrößen immer kleiner, und die Nachkommen der Bauern sind deshalb schon zum Abwandern gezwungen. Die mittlere Größe eines Familienbetriebes, die 1940 noch 6,32 ha betrug, war bis 1974 bereits auf 2,88 ha abgesunken, während auf der anderen Seite die Bauern, die mit größe rem Besitz, etwa durch Erbschaft, ins Rennen gingen und es verstanden, die „Zeichen der Zeit" richtig zu deuten und sich oft mit den Interessen der Stadt zu verbünden, zu wohlhabenden, geldwirtschaftlich orientierten Farmern aufstiegen (Visser, 1980).

So hat sich im Laufe der Zeit nicht nur das wirtschaftliche, sondern auch das soziale Gesicht der Zentralregion grundlegend geändert. Die Zeit der „traditionellen Reisökonomie" ist vorbei, der wachsende Bevölkerungsdruck und der Mangel an neuem Siedlerland zwingt zur Nutzung des technischen Fortschritts in Form von Staudämmen, Pflanzenzucht, Einsatz von Handelsdünger und Pflanzenschutzchemikalien und von Forschungs-, Ausbildungs- und Beratungsdiensten. Aber diese Entwicklung, die zunächst als ein voller Erfolg erscheint, hat eine soziale Schattenseite, denn alle diese Neuerungen sind nur denjenigen Bauern frei zugänglich, die ohnehin besser dastehen und die durch ihre Nutzung den Abstand zwischen sich und den ärmeren Bauern weiter vergrößern. Und so haben sich in den letzten Jahrzehnten zwei deutlich zu unterscheidende Gruppen herausgebildet. Auf der einen Seite die verhältnismäßig gutgestellten Landbesitzer und auf der anderen die Familien der Landlosen, die ums wirtschaftliche Überleben kämpfen und versuchen, durch den Verkauf ihrer Arbeitskraft, durch nichtlandwirtschaftliche Arbeiten aller Art oder endlich durch Abwanderung in andere Agrarzonen oder nach Bangkok ihr Los zu verbessern (Fuhs, 1975, 1979).

Dennoch wäre es übertrieben, wollte man von einer Massenarmut gerade in der Zentralregion Thailands sprechen. In ihr werden 29,9% des Bruttosozialprodukts erzeugt, und zählt man Groß-Bangkok mit weiteren 29,3% hinzu, so zeigt sich die enorme Produktivkraft, die sich mit 52,9% des Bruttoinlandsprodukts hier im Herzen des Landes konzentriert. Das mittlere Haushaltseinkommen wurde in der Mitte der 1970er Jahre mit 24.852 Baht gegenüber einem nationalen Mittelwert von 21.240 Baht eingestuft. Die „armen" Haushalte (im Sinne einer Definition der Weltbank), nämlich 31 – 33% aller Thaihaushalte, machen nur 14 – 16% der Haushalte in der Zentralregion ohne Bangkok aus (Meesook, 1979).

1978 galten in der Zentralregion (ohne den Südosten) über 2,2 Millionen ha als Farmland, von denen allein 1,5 Millionen ha Reisland sind. Zu den anderen wichtigen Feldkulturen rechnen Mais, Zuckerrohr, Mungbohnen und Baumwolle. Hinzu treten Erdnüsse, Tabak und Sojabohnen mit geringeren Flächen. Obwohl Thailand als Reisexportland einen guten Ruf hat und die Zentralebene als Reisschüssel des Landes gilt, liegen die durchschnittlichen Hektarerträge trotz des Einsatzes von Hochertragssorten noch immer mit unter 2 t/ha überraschend niedrig. Nur in speziellen Projektgebieten erreichte man schon vor Jahren bei hohem Düngereinsatz über 3 t/ha, Erträge, die in vielen anderen asiatischen Ländern oft weit überschritten werden. Die Stagnation der Reiserträge, die gelegentlich als Folge einer stadtorientierten Preispolitik betrachtet wird, gibt zu Besorgnis Anlaß. Die wachsende Gesamtbevölkerung und die damit verknüpfte Binnennachfrage bedrohen die Reisexportkapazität, wennschon Thailand gegenwärtig (1980) nach einigen Jahren des Rückgangs wieder 2,7 Millionen t Reis im Jahr exportiert. Dennoch rechnen pessimistische Schätzungen damit, daß noch in den 1980er Jahren die Binnennachfrage nach Reis die Eigenproduktion erreicht (Douglass, 1981).

Der Maisanbau, der sich nach 1950 an den bis heute unverändert guten Exportmarkt angepaßt hat, konzentriert sich mehr und mehr in den nichtbewässerten Randgebieten der Zentralregion. Zählt man die Maisanbauflächen der oberen Zentralregion hinzu, so liegen hier 80 % der thailändischen Maisfelder mit guten Erträgen. 1980 z. B. wurden nicht weniger als 2,2 Millionen t Mais exportiert.

Die Haltung von Vieh, besonders von Arbeitstieren, spielte vor allem im Gebiet des arbeitsintensiven Reisanbaus eine wichtige Rolle. Um 1970 lebten hier 22 % der Rinder und 10 % der Wasserbüffel, wobei sich die Büffel vorwiegend in den tiefergelegenen Reisanbaugebieten konzentrierten. Bis zur Mitte der 1970er Jahre ging der Büffelbestand wegen der verbreiteten Einfuhr von motorisierten Pflügen für die Reisfelder („iron buffaloes") zurück. Mit der einsetzenden Energiekrise kehrte sich dieser Trend allerdings wieder um. Anfang 1980 berichtete die Presse, daß die Preise für Traktoren in Bangkok um 20 % gefallen seien, während die für Arbeitsbüffel wieder anzögen.

Klammert man Bangkok aus der Region aus, so spielt die Seefischerei bei einer Küstenstrecke von 375 km keine große Rolle. Die Hälfte des Fangs wird im Hafen von Samut Sakhon angelandet, den eine Eisenbahn mit Bangkok verbindet. Hier muß allerdings erwähnt werden, daß die industrielle Verschmutzung der Flüsse nicht ohne Folgen für die Produktion von Meerestieren im Golf von Thailand geblieben ist. Im Zusammenhang mit der Zentralregion soll nur an die enorme Belastung des Mae Nam Mae Klong erinnert werden, an dessen Ufern mehr als dreißig Fariken liegen, die ihre Abwässer meist ungeklärt einleiten. Dadurch wurde nicht nur der Flußfischbestand fühlbar reduziert, auch die Garnelen- und Muschelzucht an der Flußmündung wurde (ebenso wie die Reisfelder Obst- und Gemüsegärten) von den Schadstoffen in Mitleidenschaft gezogen Ähnliches gilt für den Rest der Küste, an der 266 Fabriken täglich 86.000 m^3 Abwasser einleiten (anon., 1979 a).

Wesentlich interessanter ist die enorme Zunahme der Binnenfischerei, deren regionaler Beitrag zur Nationalen Produktion bereits auf 21 % angestiegen war. Mehr und mehr erzeugen die Bauern Fisch in den überfluteten Reisfeldern, aber auch die Zahl der privaten und öffentlichen Fischteiche hat spektakulär zugenommen. Indessen zeigt sich bei der Entwicklung der Binnenfischerei, daß die Wasserbaumaßnahmen zur Energiegewinnung und zur Bewässerung in einen Interessenkonflikt mit ihr geraten können. Die großen Stau- und Ableitungsdämme haben in vielen Fällen die Überflutungszeit der Reisfelder auf das erforderliche Maß reduziert und so die Wachstumszeit für die Fische verkürzt. Die rd. 10.000 t Fisch, die bislang auf diese Weise zur Volksernährung beigesteuert wurden, scheinen jetzt nicht mehr erreicht zu werden. Auch soll die Produktion der Süßwasser-Riesengarnele, die in den Flußmündungen zur Welt kommt und dann stromauf wandert, wegen der Wasserkontrollanlagen fühlbar zurückgegangen sein (anon., 1974a).

Verkehrsmäßig ist Zentralthailand seit alters her durch Wasserwege entlang den Flüssen und künstlichen Kanälen aufgeschlossen. Ehe überhaupt an ein anderes Transportmittel zu denken war, bewegten sich größere und kleinere Boote in großer Menge zwischen den Dörfern und Städten, und auch heute mißt das regelmäßig befahrene Netz von Wasserwegen zwischen 2.000 km in der feuchten und 1.100 km in der trockenen Jahreszeit. Es reicht von Ratchaburi im Westen und Bangkok im Süden bis fast hinauf in die Nordregion und schließt Teile des Südostens mit ein. Zwar gibt es keine Zahlen über das Transportvolumen aller Wasserstraßen, aber letzte Zählungen der Güter, die Bangkok auf dem Wasserweg erreicht oder verlassen haben, kamen auf 6 Millionen t im Jahr.

Der erste Konkurrent des Wassertransports wurde die zu Beginn dieses Jahrhunderts sich von Bangkok aus vorschiebende Eisenbahn, die 1903 den Westen (Phetchaburi) und 1909 den Norden (Den Chai) erreichte. In der Region selbst war die Bahn vor allem dort im Vorteil, wo Wasserstraßen fehlten oder saisonal nicht schiffbar waren. Das Bauprogramm für Motorfernstraßen begann sehr spät (1934), und 1936 gab es erst 125 km Allwetterstraßen. Heute durchzieht eine erstklassige Fernstraße die Region von Bangkok über Nakhon Sawan und Tak nach Norden, während West-Ost-Straßen die Hauptstadt mit den westlichen Randbergen (Kanchanaburi) und der Südhalbinsel sowie mit dem Südosten verbinden. Daß die inländische Luftfahrt bei diesem dreifachen Angebot an Verkehrsträgern und den relativ kurzen Entfernungen keine Rolle in der Region spielt, ist selbstverständlich.

In ihren Randgebieten, wo Formationen von Karbon, Trias und Jura mit der quartären Ebene zusammenstoßen, wo tertiäre Becken entstanden sind und stellenweise paläozoische Gesteine anstehen, findet sich ein buntes geologisches und mineralogisches Bild. An die zwanzig verschiedene Erze und Minerale von wirtschaftlichem Interesse wurden nachgewiesen, aber die schlechte Zugänglichkeit hat bisher einer ertragreichen oder nachhaltigen Ausbeutung im Wege gestanden. Antimon, Baryt, Fluorit und etwas Eisen und Zinn werden gleichwohl gefördert. Eher noch hat der Abbau von Mergel, Kaolin und Gips und das Schürfen nach Edelsteinen im Raume Kanchanaburi (Bo Phloi) eine Bedeutung, wennschon die Zahl der Beschäftigten in dieser Branche eintausend kaum übersteigen dürfte.

Wegen der industriellen Produktion im Raum von Groß-Bangkok hat sich die staatliche Förderung verstärkt solcher Betriebe angenommen, die bereit waren, sich außerhalb der Metropolis anzusiedeln. Daß dabei die Unternehmen die Zentralregion bevorzugten, wo sie die Vorteile der Nähe Bangkoks nutzen konnten, ohne selbst dort ihren Standort zu errichten, überrascht nicht. Um 1980 rechnet die Statistik der Berufsbevölkerung mit 420.000 in der Industrie Beschäftigten in dieser Region. Dabei konzentrieren sich die Arbeitsplätze vor allem in Städten wie Ayutthaya, Ratchaburi, Kanchanaburi und Pathum Thani. Fast die Hälfte der größeren Unternehmen gehören zur Nahrungsmittelbranche, 20 % erzeugen nichtmetallische Produkte und 10 % verarbeiten Holz. Der Dienstleistungssektor einschließlich Handel und Transport beschäftigt fast eine Million Menschen (NSO, 1979).

In steigendem Maße nimmt sich der organisierte Tourismus der Region an. Neben Bootsfahrten auf dem Chao Phraya mit einem Besuch von Ayutthaya oder dem Sommerpalast Bang Pa-In lohnen Besuche von Lop Buri mit den aus Laterit erbauten Ruinen Prang Sam Yod aus der Zeit des Khmer-Imperiums und von Nakhon Pathom mit dem 127 m hohen Phra Pathom Chedi, einem der wichtigsten buddhistischen Bauwerke Thailands. Die Badestrände in und um Patthaya liegen in der südöstlichen Subregion.

Obwohl die Zentralregion und vor allem die Zentralebene als Herz des Landes und als Reisschale des Volkes gilt, fehlt es an Plänen für eine systematische Nutzung des Naturraumpotentials. Zwar kam es immer wieder zur Gründung von Komitees, zur Vorlage von Entwicklungsprogrammen vor allem zur Steigerung einer diversifizierten Nahrungsmittelproduktion, aber die meisten Bemühungen blieben in ihren Anfängen stecken.

Die Gründe dafür sind vielfältig. Vor allem würde eine umfassende Nutzung der Böden und des Wassers, wie ausgeführt, enorme technische Investitionen erfordern. Ihr effizienter wirtschaftlicher Einsatz wiederum setzt eine funktionsfähige Organisation der Wasserverbraucher voraus. Davon kann aber bisher nicht die Rede sein. Trotz vielversprechender Ansätze fehlt es noch immer an einem echten Interesse der zentral Verantwortlichen an den Bauern und ihrem Schicksal. Die Bauern wiederum verlieren durch schlechte Erzeugerpreise und einen unaufhaltsamen Verlust am Bodeneigentum das Interesse daran, selbst über das hinaus tätig zu werden, was sie zum Überleben unbedingt brauchen. Das sicherste Indiz für die sich verschlechternde Lage ist, daß heute mehr als 56 % der einst freien Bauern der Zentralregion zu Pächtern und weitere 27 % zu landlosen Bauern (eine Gruppe, die man früher überhaupt nicht kannte) geworden sind. Ihre immer stärkere Verschuldung, die Zunahme der Zahl von immer brutaleren absentistischen Grundherren – das alles ist ein schlechter Boden, um einen Entwicklungsplan, welcher Art auch immer, durchzuführen.

Seit Mitte der 1970er Jahre wird es daher immer deutlicher, daß sich das bis dahin eher selbstzufriedene Thailand rasch einem Punkt nähert, wo planvolle wirtschaftliche Entwicklung ohne eine Lösung der sich verschärfenden inneren sozialen Konflikte unmöglich wird.

4. Der Südosten

Großräumlich betrachtet umfaßt Zentralthailand nicht nur die untere Reisebene, sondern auch die angrenzenden höhergelegenen Landschaften bis hinauf zu den Grenzbergen, wobei man in der Regel einen allmählichen Übergang von den bewässerten Tieflagen bis zu den noch bewaldeten und bestenfalls durch Wanderhackbau bewirtschafteten Hochlagen beobachten kann. Statistisch wird, wie schon erwähnt, der Raum, den man die obere Zentralregion (Donner, 1978) nennen könnte, zum Norden geschlagen, obwohl er als Übergangszone dem Zentrum weit mehr verwandt ist als dem Norden. Gänzlich abseits liegt Südostthailand, wenngleich auch dieses Gebiet statistisch fast immer als Teil Zentralthailands behandelt wird. Es umfaßt die Provinzen Nakhon Nayok, Prachin Buri, Chachoengsao, Chon Buri, Rayong, Chanthaburi und Trat. Obwohl es nicht weit von der Metropolis liegt und vom Zentrum durch keine natürliche Barriere abgetrennt ist, stellt es doch zumindest eine Subregion dar, die ihren eigenen Charakter hat. Während des Vietnamkrieges benutzten die amerikanischen Streitkräfte das Gebiet. Sie legten hier einen Hafen und Flugplätze an. In dieser Zeit wurde der Südosten, der lange nur mittels der Küstenschiffahrt zu erreichen gewesen war, enger an das Kernland angebunden. Das Straßennetz in die Zentralebene und in den Nordosten wurde ausgebaut, das Dienstleistungsgewerbe belebt und die Basis für weitere Entwicklungsmaßnahmen gelegt, ein Prozeß, der auch nach dem Ende des Krieges und der Schließung der Militärstützpunkte weiterging. Der Südosten ist, im Gegensatz zu mancher anderen Region Thailands, in stetiger und rascher Entwicklung begriffen, wenn es auch an einer wirkungsvollen Regionalplanung fehlt.

Südostthailand umschließt eine Fläche von 36.400 km^2 und öffnet sich nach Nordwesten zur Zentralebene hin, während es gegen die Nordostregion und gegen das Nachbarland Kambodscha durch Gebirgsschwellen abgeschlossen ist. Im Westen und Süden begrenzt eine Küste von 515 km Länge das Gebiet. Die Reisebene Bangkoks und die Küstenebenen reichen weit ins Innere der Subregion, von der siebzig Prozent nicht höher als 100 m über NN liegen. Im Norden wird sie von der massigen, bis zu 1.351 m aufsteigenden Sankambeng-Kette abgeschlossen. Dieses Gebirge ist dünn besiedelt, noch weitgehend bewaldet und der Ursprung einiger wasserreicher Flüsse. Es folgt südlich die Bang Pakong-Senke, das Tal des gleichnamigen Flusses, der in den Golf von Thailand entwässert, ein breites, flaches Gebiet, das als eine Fortsetzung der Bangkok-Ebene nach Osten angesehen werden könnte, auf kaum 50 m ansteigt und dann gegen das Tonle Sap-Basin in Kambodscha abfällt. Noch vor wenigen Jahren endete das Reisanbaugebiet östlich von Prachin Buri und machte Wald- und Buschland Platz. Heute hingegen ist das ganze Tal bis zur Grenze unter Kultur genommen, obwohl es nicht die günstigsten Bedingungen für den Anbau von Wasserreis bietet.

Karte 4: Orientierungskarte für Südost-Thailand

Nach Süden hin geht die Bang Pakong-Senke in ein Gebiet über, das sich in manchem erheblich von der Gebirgskette und der Senke im Norden unterscheidet. Zunächst haben wir hier ausgedehnte Küstentiefländer im Westen und Süden. Diese sind vor allem nach Westen reichlich mit Inselbergen und kleineren Massiven besetzt, die parallel zur Küste verlaufen, Höhen zwischen 400 und 800 m erreichen und recht eindrucksvoll aus dem flachen Lande aufragen. Der Khao Khieo bei Chon Buri, 798 m hoch, dient seit alters her den Schiffern im Golf als Landmarke. Die vereinzelten Berge und Ketten verdichten sich nach Osten hin zum eigentlichen Massiv der Chanthaburi-Berge, die im Khao Sai Dao Tai (1.633 m) ihren Gipfel erreichen. Zur Ostgrenze hin gehen sie, ohne wesentlich abzufallen, in die Banthat-Berge über, die als Teil der kambodschanischen Cardamom-Berge ihren Gipfel jenseits der Grenze haben. Dieses ganze Massiv, obwohl nicht zu eindrucksvoll hinsichtlich Höhe und Wildheit, bildete lange eine Verkehrsscheide zwischen dem Bang Pakong-Tal und der Südküste, ehe die Nationalstraße 317 zwischen Chanthaburi und Sa Kaeo im Bang Pakong-Tal gebaut wurde.

Die geologische Entstehungsgeschichte des Südostens erklärt zu einem großen Teil den Ursprung der Faktoren, die heute erheblich seine wirtschaftliche Entwicklung bestimmen. Es wird angenommen, daß das Gebiet ursprünglich aus tertiärem Sedimentgestein, vorwiegend Sandstein, bestand, ein Material, das noch heute die westliche Küstenebene und die niederen Lagen des Inneren bestimmt. Nun scheint es, daß an Störungslinien entlang magmatische Massen nach oben drängten, die Oberfläche zu Ketten und Bergen aufwölbten, dabei Batholite bildeten und Teile benachbarten Gesteins durch Hitze und Druck umwandelten. Die Batholite kühlten zu Graniten mit hohem Quarzgehalt ab, die, nach Verwitterung des überliegenden Gesteins, zu Tage traten. Der hohe Quarzgehalt des Granits erklärt die für die Subregion typischen groben Böden und Sande. Spätere vulkanische Aktivitäten im Gebiet von Chanthaburi drückten eine dunkle, siliziumarme Magma empor, die über das ältere Gestein floß, rasch abkühlte und später zu roten, lehmigen Böden mit erheblichem Eisengehalt verwitterte. In diesem Material finden sich etliche Vorkommen von Edelsteinen.

Vor der Küste liegt eine Anzahl kleinerer und mittlerer Inseln, deren geologischer und bodenkundlicher Charakter sie als Fortsetzungen festländischer Formationen ausweist, und es wird auch generell angenommen, daß wir es hier mit einer Senkungsküste zu tun haben, die sich im übrigen heute als Kette offener Buchten hinzieht und ausgedehnte Sandstrände anbietet.

Hydrographisch gehört der Norden der Subregion zum Einzugsgebiet des Mae Nam Bang Pakong, der nördlich von Chon Buri in die Bucht von Bangkok mündet. Er entwässert etwa 53% des Gebietes. Eine kleine Fläche längs der Ostgrenze fließt in die Senke des Tonle Sap ab, während der Rest über zahlreiche kleine und mittlere Flüsse zur Bucht von Bangkok hin dräniert. Die hydrographischen Daten sind begrenzt. Der Bang Pakong, der sich aus einer Anzahl mittlerer Zuflüsse aus den Sankambeng- und Chanthaburi-Bergen formt und dessen Gesamtlänge mit knapp 300 km angegeben wird, führt etwa 15 Milliarden m^3 Wasser im Jahr zum Meer. Auf das Einzugsgebiet des Tonle Sap und die zahlreichen Küstenflüsse kommen zusammen etwa 18,5 Milliarden m^3.

Bis heute sind im Südosten kaum wasserbauliche Maßnahmen durchgeführt worden, und so erreichen die meisten Wasserläufe ihr oft sumpfiges Mündungsgebiet ungenutzt, sie führen in der Regel erhebliche Sedimentmengen mit, und abgesehen vom Bang Pakong ist ihr Nutzen für die Reisbewässerung örtlich begrenzt. Die Wirkung der Gezeiten Flußaufwärts ist beim Bang Pakong besonders augenfällig.

Klimatisch liegt der Südosten teils in maritimem, teils in kontinentalem Einflußbereich, was sich mikroklimatisch erheblich auswirkt. So erhält der Norden im Mittel 1.718 mm und der Süden 2.725 mm Niederschlag. Tatsächlich gehört das südöstliche Küstengebiet zu den niederschlagsreichsten Teilen Thailands überhaupt, wo ein monatliches Extrem von 2.062 mm gemessen wurde. Das erklärt sich leicht aus der deutlichen Exposition der Landschaft gegenüber den westlichen Monsunwinden, die im September ihr Niederschlagsmaximum von 460 mm bringen. Umgekehrt werden die winterlichen Nordost-Monsunwinde durch die den Südosten abschirmenden Höhenzüge aufgehalten und in ihrer Wetterwirksamkeit reduziert. Der Monat mit den geringsten Niederschlägen ist der Dezember. Die subregionalen monatlichen Durchschnittstemperaturen erreichen ihr Maximum im April vor Einsetzen des Monsunregens (29,5 °C) und ihr Minimum im Dezember (25,9 °C).

Die Böden der Subregion können vereinfacht in zwei Hauptgruppen eingeteilt werden: Alluviale Böden in den niederen und Verwitterungsböden des Untergesteins in höheren Lagen. Streckenweise, vor allem um Chanthaburi, finden sich von Basalt herrührende rote Tone, und Laterit tritt hauptsächlich im Süden deutlich hervor.

Die dichten tropischen Regenwälder, die das ganze Gebiet einst bedeckten, sind heute in wesentlichen Teilen zerstört und haben Kultur- oder Ödland Platz gemacht. Die hängigen und höheren Lagen tragen noch immer teils intakte, teils degradierte Wälder, die küstennahen Teile stehen, je nach Zustand, unter verschiedenen Kulturen. Das Tal des Bang Pakong, heute weitgehend agrarisch genutzt, wird nach Osten hin noch von Dipterocarp-Wäldern gesäumt. Die Küste im Süden und an den großen Flußmündungen zeigt ausgedehnte Mangrovenbestände.

Der offizielle Holzeinschlag im Südosten ist bedeutend, und es steht ihm eine höchstens symbolhafte Aufforstung gegenüber. Der Rückgang der Rundholz-, Brennholz- und Holzkohleproduktion seit 1961 deutet auf eine Erschöpfung der zugänglichen Holzvorräte hin. Zwischen 1952 und 1972 sind die Waldbestände zu einem großen und zwischen 1972 und 1976 zu einem kleineren Teil durch rücksichtslose Brandrodung auf rund die Hälfte reduziert worden. Die großenteils durch spontane Neulanderschließung ausgelöste Waldvernichtung geht auf den Drang der Bauern zurück, zusätzliches Land zur Ausdehnung ihrer Reisfelder für die Eigenversorgung, vor allem aber zum Anbau marktgängiger Kulturen wie Mais, Cassava und Zuckerrohr zu nutzen. Dabei folgen sie der Einfachheit halber den Trassen der neuen Straßen oder Holzfällerschneisen. Vor allem der Anbau von marktgängigen Kulturen wird häufig von den Händlern durch Kreditgabe an die Siedler gefördert, ja im Hinterland der industriell aufblühenden Stadt Chon Buri werden ganze Gebiete großflächig mit schwerem Material gerodet, um Zuckerrohr zu pflanzen. Hier zeigt sich in den letzten Jahren die „Bildung einer auffallend heterogen strukturierten Agrargesellschaft aus Fabrikbesitzern, Groß-, Mittel-, Kleinbauern, Pächtern und einer großen Klasse von Lohnarbeitern" (Uhlig, 1979; Scholz, U., 1980).

Zweifellos geht hier ein „Entwicklungsprozeß" vor sich, allerdings auf Kosten des Naturraumpotentials. Vielerorts kann man beobachten, wie hängiges Gelände unsachgemäß gepflügt und nach einigen Ernten wegen Erschöpfung bereits wieder sich selbst überlassen wird, so daß die Auswaschung der Oberböden oft nur eine Frage der Zeit ist. Der Bau von immer mehr Straßen hat solche Eingriffe noch wesentlich gefördert, die bei den groben, sandigen Böden bald zu katastrophalen Wüstungen führen dürften.

Der Südosten wurde 1980 von etwa 3,3 Millionen Menschen bewohnt, was knapp 7,2% der Gesamtbevölkerung entspricht. Verglichen mit der Dekade 1960 – 1970, in der die Bevölkerung um 28% zunahm, wuchs sie zwischen 1970 und 1980 um nicht weniger als 63% und damit fast doppelt so stark wie Gesamtthailand. Das erklärt sich aus einer zunehmenden Attraktivität der Subregion, und zwar sowohl für den landwirtschaftlichen als auch für den industriellen Sektor.

Entsprechend der Topographie und dem Naturraumpotential ist die Bevölkerung aber nach wie vor sehr ungleichmäßig verteilt. Die nördlichen und die östlichen Grenzgebirge sowie die zentral gelegenen Chanthaburi-Berge sind kaum besiedelt. Dafür konzentriert sich die Bevölkerung auf die Senke des Bang Pakong, die Küstenstreifen und die Reisbautiefländer. Den stärksten Bevölkerungszuwachs hatten die Provinzen Chon Buri und Rayong zu verzeichnen, so daß in Chon Buri heute beispielsweise 163 Menschen auf dem Quadratkilometer leben, während das subregionale Mittel nur 89 km^2 beträgt. Die rasche Bevölkerungszunahme in Chon Buri erklärt sich aus der großen Zahl nichtlandwirtschaftlicher Arbeitsplätze, die hier längs der Westküste entstanden sind: weiterverarbeitende und Basisindustrien in den Städten Chon Buri und Si Racha, Fremdenverkehr in Patthaya und die Hafenanlagen von Sattahip. Hinzu tritt heute das industrielle Förderungsgebiet von Rayong, das ebenfalls von dem Seehafen und der Öl- und Gasförderung im Golf von Thailand profitieren soll. Die städtische Entwicklung der Orte Chon Buri und Rayong während der letzten zwanzig Jahre war eindrucksvoll, und die Beschäftigungsstruktur der Bevölkerung in der Subregion ist durch die Entwicklung des nichtlandwirtschaftlichen Sektors viel ausgeglichener als die des Königreiches im ganzen.

Zwei Faktoren im geographischen Gesamtbild des Südostens fordern dringend eine wasserbauliche Erschließung des Raumes: die sandigen, durchlässigen Böden und die extrem hohen, jahreszeitlich aber begrenzten Niederschläge. Indessen hat der Umstand, daß vergleichsweise kleine Flächen unter Kultur stehen und die meisten der neu erschlossenen Anbaugebiete nicht ohne weiteres bewässert werden können, die staatliche Bewässerungsbehörde bis jetzt nicht ermutigt, umfassende Bauten durchzuführen. Die heute bestehenden 22 Bewässerungsanlagen, vier von ihnen sogenannte „tanks", also künstliche Hügelseen, stützen sich hauptsächlich auf Ableitungswehre für die Reisbewässerung in den Tieflagen. Die Bewässerungsfläche von etwa 160.000 ha wird natürlich überwiegend in der Regenzeit und zur Zeit der Wasserführung der Flüsse versorgt.

Das wasserwirtschaftliche Bild sieht sogleich freundlicher aus, wenn man die im Bau befindlichen und für die Zukunft geplanten Dämme mit einbezieht. Erst nach ihrer Fertigstellung würde die erforderliche Schutzfunktion solcher Bauten voll wirksam werden, und Speicherkapazität wie Bewässerungsflächen wären gleichmäßiger über die Subregion verteilt. Aber natürlich ist der Zeitpunkt der Fertigstellung dieser recht ehrgeizigen Pläne auch nicht im entferntesten abzuschätzen. Hält man sich die fortschreitende, von Menschen ausgelöste Degradierung der primären Bodenbedeckung vor Augen, die den Boden mehr und mehr der Abtragung und Auswaschung aussetzt und früher oder später auch zu einer Absenkung des Grundwassers führen wird, so erkennt man die Dringlichkeit von Konservierungsmaßnahmen.

Die in der Landwirtschaft und verwandten Gebieten tätige Bevölkerung liegt leicht unter dem nationalen Mittel von 74 %. Auch die Landnutzung zeigt deutliche Unterschiede zur Zentralregion und zum Königreich, was besonders deutlich wird, wenn man die Provinzen Chon Buri, Rayong, Chanthaburi und Trat betrachtet. Der Reisanbau konzentriert sich selbstverständlich in der östlichen

Fortsetzung der Bangkok-Ebene, d. h. also im Tal des Mae Nam Bang Pakong, wo allein 80% der subregionalen Reisanbaufläche liegen. Der Rest verteilt sich auf die Mündungsgebiete der kleineren Flüsse, die die erforderliche Bewässerung gestatten. Überschüsse werden über den Umschlagplatz Chachoengsao nach Bangkok oder in die subregionalen Mangelgebiete vermarktet.

Der problematische Sandboden des Südostens hat in der Cassava (Manihot utilissima) eine geeignete Frucht gefunden, die heute charakteristisch für weite Teile der Subregion ist. Diese Knollenfrucht wird ihres Stärkegehaltes wegen geschätzt. Aber im Gegensatz etwa zu Afrika und selbst Indonesien, wo sie als Maniok ein billiges Grundnahrungsmittel ist, wird sie in Thailand nicht verzehrt (Hohnholz, 1982). Die 2,8% der Ernte, die in den heimischen Markt gehen, werden industriell verarbeitet (Klebstoffe und Nahrungsmittelzusätze). Der Hauptanteil der Produktion wird nach einer einfachen Verarbeitung exportiert und findet seinen Weg in die Futtermittelindustrie der Industrieländer. Das Anbaugebiet erstreckt sich halbmondförmig von der West- zur Südküste mit einem Schwergewicht im Raume Chon Buri/Rayong. Lange Zeit erzeugte die Subregion rund Dreiviertel der Cassava, doch hat der Exportboom dazu geführt, daß Teile der Nordostregion in die Produktion einstiegen und heute im ganzen Lande Cassavafelder zu finden sind (anon., 1974b).

Die Bodenverhältnisse der Subregion sind auch für den Anbau der Kokospalme bestens geeignet. Leicht erhöhte, wohldränierte Sandböden in unmittelbarer Meeresnähe sind, wofern nicht Mangrovenbestände vorherrschen, entlang der ganzen Küste und auf einigen der vorgelagerten Inseln zu finden. Da der Bestand an tragenden Kokospalmen in Thailand seit 1970 zurückgeht, weil alte Bäume gefällt werden, bedürfte es wohl auch im Südosten einer Neupflanzungsaktion mit ertragreichen Züchtungen, ähnlich wie es bei den Gummipflanzungen der Fall war. Heute werden in der Subregion um 300 Millionen Nüsse im Jahr geerntet, von denen 30–40% im Produktionsgebiet selbst verzehrt werden.

Weniger bekannt ist, daß der Südosten zu den Rohgummiproduktionsgebieten Thailands gehört und 15% zu den nationalen Baumbeständen resp. zur Produktion beiträgt. Die Anbaufläche und die Produktion haben steigende Tendenz, und mit einem Regierungsprogramm bemüht man sich, alte, unproduktive Baumbestände durch ertragreichere Sorten zu ersetzen.

Im Jahre 1967 lagen 47% der thailändischen Zuckerproduktion im Südosten, und hier wiederum konzentrierte sich der Anbau von Zuckerrohr in der Provinz Chon Buri (90%). Wie in vielen Ländern haben sich auch in Thailand enge wirtschaftliche Verflechtungen zwischen Bauern und Zuckerfabriken herausgebildet, und wie bereits erwähnt ist ein großer Teil der Entwaldung vor allem im Hinterland von Chon Buri auf die Ausdehnung des Zuckeranbaus zurückzuführen. Allerdings fluktuieren die Anbaufläche, die Flächenerträge und damit die Rohr- und Zuckerproduktion erheblich von Jahr zu Jahr, nachdem Thailand von einem Zuckerimportland (1959) zu einem Exportland wurde und so die heimischen Produktionskosten zeitweise nicht von den Weltmarktpreisen gedeckt werden, zumal wenn durch Überproduktion die Weltmarktpreise fallen (anon., 1978-a).

Eine Reihe von Kulturen spielt für den Südosten eher eine zweitrangige Rolle, darunter Erdnüsse, Pfeffer und Kaffee, doch könnte hier bei einer entsprechenden Marktlage die eine oder andere Nutzpflanze eine Zukunft haben. Demgegenüber nimmt der Obst- und Gemüseanbau eine ganz hervorragende Rolle ein. Mehr als 10.000 ha stehen unter Gemüsekulturen, mit Auberginen, Kohl- und Gurkensorten an der Spitze. Eine räumliche Untersuchung ergab, daß die Erzeugung von Gemüse mit der Entfernung von Bangkok abnimmt, was einen deutlichen Hinweis auf den Absatzmarkt gibt. Gänzlich anders verhält es sich mit dem Obstanbau, denn der Südosten gehört zu den wichtigsten Obst produzierenden Landschaften des Königreichs. Wenn man einmal von den Betelpalmen, Tamarindenbäumen und Zuckerpalmen absieht, bleiben mehr als 5 Millionen Obstbäume (Mangos, Orangen, Rambutan, Durian und Jackfrucht). Für alle findet sich ein aufnahmefähiger Markt in Bangkok und den obstbauarmen Provinzen des Landes (Donner, 1972). Mit dem Aufbau einer städtisch-industriellen Struktur in der Subregion dürfte sich der Absatz gerade von Obst und Gemüse daselbst günstig entwickeln.

Viehzucht hat im Südosten niemals eine hervorragende Rolle gespielt. Die Zahl der Rinder, Schweine, Wasserbüffel, Enten und Hühner hat eine geringere Wachstumsrate als die der Bevölkerung. Die räumliche Verteilung richtet sich nach Zweck der Haltung und nach den Lebensgewohnheiten der Tiere. Daher konzentriert sich die Rinderhaltung fast völlig in den nördlichen Reisbaugebieten, wo die Tiere, die ja nicht als Milchlieferanten gezogen werden, als Arbeitsvieh dienen. Auch der Wasserbüffel ist hier zu Hause; allerdings ist er auch in den kultivierten Küstenlandschaften des Westens und des Südens zu finden. Die Schweinehaltung massiert sich am Unterlauf des Mae Nam Bang Pakong, wo sich im Dreieck Nakhon Nayok – Prachin Buri – Chon Buri auch die städtische Bevölkerung konzentriert und der Weg nach Bangkok nicht weit ist. Die Hühnerhaltung deckt sich räumlich völlig mit der Bevölkerungsverteilung, während die Aufzucht von Enten, eine Spezialität des Südostens, zu 90 % in den benachbarten Provinzen Chachoengsao und Chon Buri liegt.

Daß die Fischerei eine besondere Rolle in einem Gebiet spielt, das über eine Küstenlänge von 515 km verfügt, an der rund 3.000 Fischerfamilien ihrem Erwerb nachgehen, überrascht nicht. Das Fangergebnis stieg in den letzten Jahren rasch auf fast 300.000 t (1974) an, und die Häfen von Chanthaburi und Chon Buri wetteifern um den ersten Platz. Auch wenn heute die Subregion etwa 21 % des nationalen Fischfangs beiträgt, so lassen doch zwei Umstände die Zukunft dieses Gewerbes düster erscheinen. Das Aufkommen der modernen Großfischerei, die mit Grundschleppnetzen allmählich den Golf von Thailand praktisch leergefischt hat, hat den kleinen Fischerfamilien weitgehend die Existenzgrundlage entzogen, und die Nachbarstaaten blockieren die Fahrten der thailändischen Fischer durch die Beanspruchung sogenannter „Territorialgewässer" (anon., 1977-a). Unabhängig davon ist aber der Ertrag der Süßwasserfischerei in den Binnengewässern der Subregion in den letzten zwei Dekaden erfreulich gestiegen. In diesem Zusammenhang wäre zu erwähnen, daß sich im Südosten auch einige Betriebe der fischverarbeitenden Industrie befinden und die Fischwirtschaft durch den Bau von Umschlags- und Lagereinrichtungen (z. B. in Chon Buri) gefördert wird.

Von alters her ist die Hauptstadt mit dem Bang Pakong-Tal über das Kanalnetz der Bangkok-Ebene bis hinauf nach Prachin Buri und über die Küstenschiffahrt mit dem Südosten bis hinunter nach Trat verbunden gewesen. Seit Jahrzehnten bestehen Erdstraßen von Bangkok entlang der Küste und in das Bang Pakong-Tal hinaus zur Grenze mit Kambodscha, die inzwischen zu Allwetterstraßen ausgebaut wurden und den Handel des Gebietes wesentlich belebt haben. Dadurch hat die Küstenschiffahrt ihre Bedeutung allerdings fast ganz eingebüßt. Das ging um so schneller vor sich, als zwischen Bangkok und der südlichen Grenze von Trat nur ein paar armselige Landeplätze existieren, die bestenfalls für die örtliche Fischerei, nicht aber für die Frachtschiffahrt ausreichen.

Eine Ausnahme bildet hier der Marinestützpunkt Sattahip der thailändischen Kriegsflotte. Der Hafen, der während des Vietnamkrieges zusammen mit einer Luftbase einer der wichtigsten Stützpunkte der USA war, wird nun wieder gänzlich von Thailand verwaltet. Angesichts der Probleme, vor die der Hafen von Bangkok größere Seeschiffe stellt, lag der Gedanke nahe, Sattahip als Tiefwasserhafen für den Öl-, Container- und Stückgutverkehr auszubauen. Es ist bemerkenswert, daß seit 1948 die Diskussion um den Bau eines Tiefwasserhafens als Entlastung für Bangkok läuft, ohne bis heute zu einem endgültigen Ergebnis geführt zu haben, ganz zu schweigen von entsprechenden Baumaßnahmen. Satahip wird deshalb nicht akzeptiert, weil die Thai-Marine sich ihrer Souveränität nicht begeben will (anon., 1974-c). Zudem bestehen seit vielen Jahren mehrere Pläne, und eine Studie folgt der anderen: ein Tiefwasserhafen bei Laem Chabang (Si Racha), an der Insel Ko Khram Yai (vor der Südwestspitze) oder an der Insel Ko Si Chang, von wo Leichter den Transfer nach Bangkok übernehmen könnten. Weiterhin wird noch immer diskutiert, auf welche Weise man mit einer Überwindung der Sandbarre den Hafen von Bangkok modernisieren und aufwerten könnte.

Wie sich die Entwicklung auch immer gestalten mag, es ist ziemlich sicher, daß dem Südosten eine Hafenanlage zugute kommen und ihm damit viele Vorteile zuwachsen würden. Das gilt um so mehr, als bereits vor Jahren eine gute Autostraße von Sattahip unter Umgehung der Küstenorte über die Sankambeng-Berge in den Nordosten Thailands gebaut wurde. Teils geplant und teils durchgeführt ist eine Öl-Pipeline vom Ölhafen Si Racha nach Bangkok, der Zentralebene und dem Nordosten sowie eine Eisenbahnlinie von Chachoengsao nach Sattahip. Die Eisenbahn übrigens, die Bangkok mit Aranyaprathet an der Grenze zu Kambodscha verbindet, hat nur lokale Bedeutung, weil ihre Fortsetzung nach Phnom Penh wegen ständiger Grenzunruhen seit Jahr und Tag unterbrochen ist.

Bedingt durch die geologische Geschichte vor allem des Raumes Chanthaburi/Trat, hat sich hier schon im vorigen Jahrhundert eine kleine Industrie auf der Grundlage der vorhandenen Edelsteine (Saphire, Rubine) entwickelt, wobei die Spezialisten ursprünglich erfahrene Birmanen waren. Andere Lagerstätten, die hier bekannt sind (Eisen, Kupfer, Zinn u. a.) waren bislang wirtschaftlich uninteressant.

Der Energiesektor stützte sich lange auf eine größere Zahl öffentlicher und privater Dieselgeneratoren, die isoliert voneinander Ortschaften und Fabriken versorgten. Seit einigen Jahren ist ein Verbundnetz im Bau, das bis hinunter nach Trat reichen soll. Unter den zahlreichen geplanten und im Bau befindlichen Wasserstauanlagen ist nur eine (Sai Noi/Sai Yai in den Sankambeng-Bergen) für die Erzeugung elektrischer Energie vorgesehen. Im Planungsstadium befindet sich auch ein Kernkraftwerk, für dessen Standort der Raum an der Westküste der Subregion (Ao Pai) vorgesehen ist, allerdings besteht noch völlige Unklarheit über den Typ der Anlage, und auch der Widerstand gegen eine Kernanlage dieses Ausmaßes ist noch nicht überwunden.

Gerade in diesem Zusammenhang bedeuten die umfangreichen Funde von Erdgas im Golf von Thailand eine tiefgreifende Wende für die wirtschaftliche Entwicklung des Landes und möglicherweise besonders für den Südosten. Der alte Spruch König Ramkhamhaengs wird bereits neu belebt und an die jetzige Lage angepaßt: „Im Wasser gibt es Fisch, Reis auf den Feldern – und Gas im Golf" (anon., 1981-a). Da sich die Gasfelder vor der Südregion befinden, die im Moment aber wenig aufnahmefähig für ein solches Riesenangebot an Energie ist wird das Gas über eine mehr als 400 km lange Rohrleitung nach Norden geführt und in der Gegend von Rayong angelandet. Von hier wird sie über 160 km nach Bangkok geleitet, wobei sie verschiedene Verarbeitungsanlagen versorgt. Die so entstehende neue „Wachstumszone" im Südosten wird im Laufe der Zeit Industrien erhalten, denen das Gas nicht nur als Energiequelle, sondern vor allem als Rohstoff zur Herstellung von Handelsdünger, Chemikalien, Treibstoff u. ä. dient (Lucas, 1981).

1970 bestand die verarbeitende Industrie, die sich hauptsächlich um die Provinzhauptstädte gruppiert, aus 289 Betrieben mit mehr als zehn Beschäftigten, von denen der größte Teil auf die Verarbeitung land-, forst- und fischereiwirtschaftlicher Produkte entfiel. Allein auf die Provinz Chon Buri entfiel die Hälfte der 12.000 Arbeitsplätze, denn hier konzentrierte sich nicht nur die Zucker- und Cassava-, sondern auch die petrochemische Industrie von Si Racha. Mit der Verfügbarkeit über Erdgas dürften die Beschäftigungsstruktur und die Einkommenssituation der Subregion einen fundamentalen Wandel erfahren. Ob allerdings die Industrialisierung der Küstenzone dem Tourismus förderlich ist, der seit langem den Raum um Patthaya wirtschaftlich belebt, ist zu bezweifeln. Schon heute wird nachhaltig über die Verschmutzung der Badestrände geklagt, und die rasche Entwicklung neuer Urlaubszentren in Südthailand (etwa auf der Insel Phuket) dürfte manchen potentiellen Touristen vom Südosten abziehen, es sei denn, man entwickelt neue Badestrände östlich von Rayong, die noch für den Wochenendverkehr von Bangkok aus zu erreichen wären.

5. Der Norden

Verglichen mit den weiten Reisebenen und den palmen- oder mangrovenbesetzten Küsten Zentralthailands scheint der äußere Norden mit seinen Bergen und tiefeingeschnittenen Tälern, den Teak- und Kiefernwäldern und seiner Stammesbevölkerung untypisch für das Königreich zu sein. Dabei war gerade er das erste Siedlungsgebiet der Thaivölker, nachdem sie Südchina verlassen hatten. Das Königreich Fang wurde 857, das Fürstentum Phayao 1096 gegründet, um nur zwei Orientierungsdaten zu geben. Allerdings waren die Thais ethnisch im Norden nur schwach vertreten, weil sie nur die reisbaufähigen Täler besiedelten und bald nach Süden weitergezogen. Während der Sukhothai-Periode (1238 - 1350) lag das Zentrum bereits südlich des äußeren Nordens in einem Gebiet, das physiographisch die obere Zentralregion bildet, planerisch heute aber zur Nordregion (Greater North) gerechnet wird.

Je weiter sich das Zentrum Thailands nach Süden verschob, um so mehr wurde der äußere Norden zum Randgebiet, an dem Bangkok wenig Interesse hatte. Erst fremde Einflüsse, die unter den Bewohnern Unzufriedenheit schürten, veranlaßten die Zentralregierung, ihn verkehrsmäßig und wirtschaftlich an das Kernland anzubinden. Heute wird die Region keineswegs mehr als abgelegen betrachtet. Verglichen mit der heißen Zentralebene oder der erstickenden Luft Bangkoks ist ihr Klima erfrischend. Ihre Wälder, ihr Wasserreichtum, die farbenfreudig gekleideten Angehörigen der Bergstämme, fleißige Bauern und geschickte Kunsthandwerker haben sie zu einem ausgesprochenen Touristengebiet gemacht, und man wird sich auch sonst ihres relativ großen Naturraumpotentials immer mehr bewußt.

Die nördliche Planungsregion Thailands umfaßt eine Fläche von 170.200 km² und wird im Norden und Westen von Birma und im Nordosten von Laos eingeschlossen. Im Inland grenzt sie im Osten an die Nordostregion und im Süden an die Zentralregion. Die Grenzen folgen zu einem großen Teil natürlichen Linien, seien es nun die Flüsse Mekong im Nordosten und Salween mit seinem Nebenfluß Moei im Westen oder die Kämme von Grenzgebirgen, wie die Luang Prabang-Berge und die Phetchabun-Kette im Osten oder die Zentralkordillere im Westen. Geologisch ist der Norden das Ergebnis weiträumiger Faltungen, Verwerfungen und Anhebungen, in deren Verlauf vulkanische Aktivitäten Lava und granitische Magma an die Oberfläche brachten. Diese stellen sich heute nach ausgiebigem Erosionsprozeß, als Nord-Süd verlaufende Höhenzüge dar. Die tief ins Muttergestein eingegrabenen Flüsse transportieren noch immer junges, alluviales Material, mit dem sie Täler und Becken füllen.

Der Übergang von der unteren zur oberen Zentralregion (und damit zur nördlichen Planungsregion) ist kaum wahrnehmbar. Das Tal des Mae Nam Chao

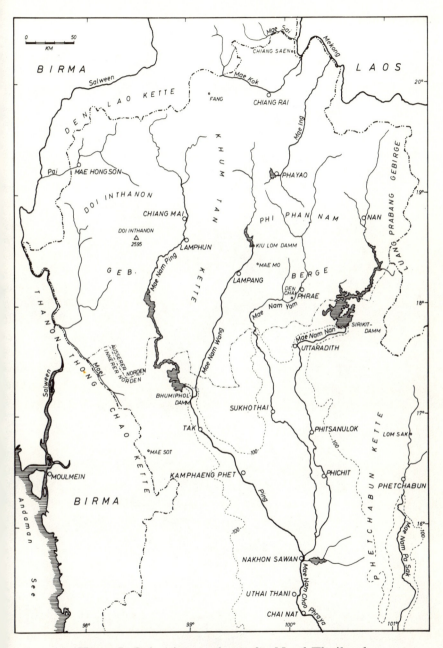

Karte 5: Orientierungskarte für Nord-Thailand

Phraya liegt nur 17 m über dem Meer, obwohl es zwischen Chainat und U Thai Thani, wo die Regionalgrenze verläuft, über 200 km von der Küste entfernt ist. Wenn auch die Wasserreis produzierenden Flächen zurückgehen, je weiter man nach Norden reist, und entsprechend die Kulturen unter Regenfeldbau ebenso wie die Wald- und Gestrüppflächen zunehmen, so ändert sich die Landschaft doch nur sehr allmählich.

Mit dem Eintritt in den äußeren Norden (Upper North) allerdings wandelt sich das Bild schlagartig. Die Fläche des Landes, die über Hunderte von Kilometern kaum 50 oder 100 m über NN erreichte, hebt sich nun innerhalb von 20 – 40 km rasch auf 1.000 m und darüber und liegt zu 60 % über 500 m hoch; 40 % erreichen zwischen 100 m und 500 m. Charakteristisch für die Topographie sind die Nord-Süd verlaufenden Bergzüge, von denen der westlichste, die Zentralkordillere oder Thanon Thong Chao Kette, das Königreich vom Norden bis zum Süden durchläuft und hier im Norden Höhen bis über 1.800 m erreicht. Die Zentralkordillere splittert sich in die Daen Lao Kette und das Doi Inthanon Gebirge auf. Das letztere, zwischen dem Salween- und dem Ping-System gelegen, verfügt mit dem Doi Inthanon (Doi Angka) bei rund 2.600 m über den höchsten Gipfel Thailands. Die Daen Lao Kette, das nördliche Grenzgebirge, erreicht eine Höhe von 2.296 m.

Im übrigen wechseln von Westen nach Osten Bergzüge und Hauptflüsse, meist nördliche Quellflüsse des Mae Nam Chao Phraya, miteinander ab. Die Khun Tan Kette, das größte Granitmassiv des Nordens, füllt den Raum zwischen den Flüssen Ping und Wang und erhebt sich über 2.000 m. Zwischen Wang und Nan erstrecken sich die Phi Phan Nam Berge („Geist der tausend Wasser") mit zahlreichen kleineren und größeren ineinander verzahnten Einzugsgebieten (darunter auch dem des Yom), die sowohl nach Norden zum Mekong als auch nach Süden zum Chao Phraya entwässern. Zwischen dem Nan und dem hier durch Laos fließenden Mekong erstreckt sich als Teil der Annam Kordillere das Luang Prabang Gebirge, dessen Gipfel 2.115 m erreicht.

Die sich zwischen den Bergzügen hinziehenden intramontanen Täler und Senken hatten historisch und haben wirtschaftlich eine besondere Bedeutung. Durch sie zogen die reisanbauenden Thaivölker nach Süden, und hier gründeten sie bis heute von ihnen bewohnte Siedlungen und Städte. Diese Gebiete sind auch heute noch die wirtschaftlich wichtigsten Zonen des äußeren Nordens, wo intensive, oft bewässerte Landwirtschaft vorherrscht, während die von anderen ethnischen Gruppen bewohnten Bergländer extensiv genutzt werden. In den größten dieser intramontanen Ebenen stehen heute die Verwaltungsorte der nördlichen Provinzen: Chiang Mai und Lamphun im Tal des Mae Nam Ping, Lampang im Tal des Mae Nam Wang, Phrae im Tal des Mae Nam Yom und Nan im Tal des Mae Nam Nan; Chiang Rai liegt im Tal des Kok und Mae Hong Son in dem des Pai, einem Salween-Zufluß. Darüber hinaus gibt es aber noch zahlreiche größere und kleinere intramontane Ebenen, die um so unzugänglicher sind, je jünger die Bergmassive sind, die sie umgeben.

Nach Süden schließt sich der innere Norden (Lower North) an, der auch als südliche Subregion oder als obere Zentralregion bezeichnet wird (Donner, 1978). Er umfaßt neun Provinzen mit zusammen 80.500 km^2 Fläche. Die Landschaft, im Westen und Osten von den schon erwähnten Grenzbergen eingefaßt, wird von den vier Hauptflüssen des äußeren Nordens durchflossen. Der Wang mündet nördlich von Tak in den Mae Nam Ping, Yom und Nan vereinigen sich südlich Phitsanulok, und bei Nakhon Sawan bilden sie den Mae Nam Chao Phraya. Sobald man die eigentliche Bergregion verläßt, nimmt der Anteil an Kulturland zu. Während der äußere Norden zu 8,2 % aus Kulturland und zu 79 % aus Wald besteht, gelten für den inneren Norden die Zahlen 22,8 % und 64,6 % (annon., 1968).

Hydrologisch besteht der äußere Norden aus den drei Einzugsgebieten des Chao Phraya, des Mekong und des Salween. Das des Mae Nam Chao Phraya, dessen Quellflüsse hier entpsringen, entwässert 80 % der Region. Allerdings sind die Zuflüsse hinsichtlich Jahreswasserfracht und saisonalen Abflußschwankungen von sehr unterschiedlicher Bedeutung. Wegen der gebirgigen Topographie haben die Flüsse kleine Einzugsgebiete und ein starkes Gefälle, weswegen es bei Regenfällen zu einer raschen Wasserakkumulation und schnellem Abfluß kommt. 91 – 96 % des Wassers fließen in sieben Monaten (Mai bis November) ab, 4 – 9 % in den restlichen fünf, und tatsächlich konzentrieren sich Dreiviertel des Abflusses auf die drei Monate August bis Oktober. Bei diesen starken Schwankungen würde eine gleichmäßige Nutzung des vorhandenen Wassers enorme Investitionen in Form von Rückhaltebecken voraussetzen.

Der Mekong entwässert 10 % der Region. Die Hauptzuflüsse (Nam Mae Kok und Nam Mae Ing) sind hydrologisch allerdings so unbedeutend, daß im Falle von Hochwasser im Mekong ihre Wasserflut bis zu 30 km zurückgedrückt wird. 9,5 % im Nordwesten der Region entwässern über den Salween in den Indischen Ozean.

Die beträchtlichen Schwankungen der jährlichen Niederschläge drücken sich auch in den jährlichen Wasserfrachten der Flüsse aus. Sie wiederum entscheiden über die Leistungsfähigkeit der Bewässerungssysteme ohne Stauanlagen. Eine Beobachtung während fünfzehn Jahren zeigte, daß zwei Jahre weniger als 55 % und vier Jahre weniger als 75 % des mittleren jährlichen Ablaufs brachten. Solche Trockenjahre spiegeln sich sogleich in niedrigen Agrarerträgen wider.

Treten die nördlichen Hauptflüsse aus den Gebirgen in die Ebene, d. h. vom äußeren in den inneren Norden, so zeigt ihre Jahreswasserfracht durch die Aufnahme weiterer Nebenflüsse und Niederschläge zwar einen beträchtlichen Zuwachs, aber die Relation zwischen ihnen bleibt unverändert. Der Mae Nam Nan bleibt der wasserreichste Fluß, gefolgt vom Mae Nam Ping. Mit Abstand folgen Yom und Wang. Es liegt auf der Hand, daß die beiden wasserreichsten Flüsse noch vor Verlassen der Gebirgszone aufgestaut wurden, um Wasserreserven für den Reisanbau zu sichern und hydroelektrische Energie zu gewinnen. 1964 wurde der Bhumiphol- (oder Yanhee-) Damm über dem Mae Nam Ping errichtet; er kann mehr als zwei Jahreswasserfrachten speichern. Die installierte Stromkapazität beträgt 420 MW. 1973 wurde der Sirikit (oder Nan-) Staudamm über den Mae Nam Nan geschlossen. Sein Stauvolumen entspricht wenig mehr als einer Jahreswasserfracht. Die installierte Stromkapazität beträgt 500 MW. Zu den größeren Stauanlagen der Region kann man den kürzlich geschlossenen Kio Lom-Damm über den Mae Nam Wang nördlich Lampang zählen, der ein größeres Bewässerungssystem versorgt. Der Mae Nam Pa Sak entwässert die Phetchabun-Kette und mündet erst in der unteren Zentralregion in den Chao Phraya.

Die Grundwasserreserven des äußeren Nordens dürften sich auf wasserführende Kiesschichten in den Tälern und intramontanen Senken beschränken. Bohrungen haben bis jetzt nur bescheidene Resultate ergeben, und insofern sollte man nicht zu sehr auf verborgene Potentiale setzen, die erschlossen werden könnten. Das gilt auch für die östlichen und westlichen Randgebirge der Region, wo sich in den Flußtälern bestenfalls dann Grundwasserreserven erschließen lassen, wenn wasserführende Sand- und Kiesschichten zu vermuten sind. Das ist eher unter der Aufschüttungsebene der Fall, durch die der Chao Phraya fließt, und das Grundwasserpotential nimmt zu, je weiter man sich nach Süden bewegt.

Wie sich der äußere Norden durch sein Relief, seine Höhe und seine mehr kontinentale Lage vom Zentrum des Landes unterscheidet, so unterscheidet er sich auch klimatisch. Dabei führt allerdings die starke topographische Kammerung zu ausgeprägten Mikroklimaten. Klimazonen sind oft kaum größer als einige Quadratkilometer, wobei die Nord-Süd verlaufenden Gebirgszüge auf der einen Seite als Auslöser von Regenfällen fungieren, während sie auf der anderen Seite durch die Erzeugung eines Regenschattens die Bildung von Trockenzonen fördern. Die Großwetterlage Südostasiens hat nur begrenzten Einfluß auf den gebirgigen Teil der Region. Während die zyklonalen Niederschläge aus dem Golf von Bengalen Nordthailand kaum erreichen, bringen die sommerlichen Taifune aus dem Pazifik Regenfälle mit raschem Ansteigen der Flüsse, was im August und vor allem im September besonders deutlich wird. Dieses Regime ist von den südwestlichen Monsunwinden überlagert, die zwischen Mitte Mai und Mitte September ziemlich regelmäßig Regenfälle bringen. Aber gerade die Taifunregen entscheiden über Flut und Trockenheit in der ganzen Region.

Nordthailand erhält im Schnitt zwischen 1.200 mm und 1.300 mm Regen im Jahr, wobei die Niederschläge im Dezember und Januar am niedrigsten und zwischen Juli und September am höchsten sind, doch zeigen sich erhebliche örtliche Unterschiede. Mittlere jährliche Niederschläge rangieren zwischen 1.744,9 mm in Chiang Rai und 977,1 mm in Tak, d. h. im Regenschatten der Zentralkordillere. Aber die Schwankungen der jährlichen Regenfälle an ein und demselben Ort sind noch ausgeprägter. Sie lagen z. B. in Chiang Mai innerhalb von zwanzig Jahren zwischen 865 mm und 2.032 mm.

Die Temperaturen zeigen durch ihre größeren Schwankungen deutlich die mehr kontinentale Lage der Region, je weiter man nach Norden fortschreitet. Die mittleren monatlichen Temperaturen variieren zwar nicht sehr von Ort zu Ort (Chiang Rai 24,7 °C; Phrae 26,6 °C), andererseits aber zeigen die niedrigsten Minima (Januar, Februar) und die höchsten Maxima (April) Unterschiede von meist über 23 °C. Geht man weiter südlich, so betragen diese Unterschiede etwa in Uttaradith nur 17 °C und in Nakhon Sawan sogar nur 14,5 °C.

Aus dem in der Region weitverbreiteten Granit als Muttergestein, aber auch auf Schiefer- und Sandsteinbasis, haben sich tiefe, feine und wohldränierte lehmige Böden entwickelt, die die Kulturböden außerhalb der Talzonen bilden. Wegen der starken Abtragung, die sich hier seit langem vollzieht, werden 67 % der Böden des äußeren Nordens als Gebirgs-Restböden mit einer Hängigkeit von über 20 % (11° 20′) ohne nähere Klassifizierung eingestuft. Ältere und jüngere Alluvialterassen bilden die Böden der Talzone und der angrenzenden Flächen. Das Gebiet außerhalb der ausgeprägten Gebirgszonen im Norden, Westen und Osten der Region besteht in seinen tiefsten Lagen aus jungen Flußalluvialebenen, die zu den Gebirgen hin in flachere und höhere Terrassen übergehen, die aus älterem Alluvium aufgebaut sind.

67 % der Region wurden um 1970 vom Royal Forest Department als Waldland ausgewiesen. Davon wiederum entfielen 46 % auf trockenen Dipterocarpus-Wald, 37 % auf gemischten, laubabwerfenden Wald mit Teakbeständen und 15 % (vor allem im inneren Norden) auf tropischen, immergrünen Wald. Kiefern, die in Höhen um tausend Meter wachsen, machen nur 1,2 % der Waldfläche aus. Zur gleichen Zeit lag die registrierte Holzproduktion der Region etwa bei gut einer Million m^3 (Rundholzäquivalent) jährlich, wovon 23 % auf Teakholz und 54 % auf anderes Nutzholz entfielen. Der Rest war Brennholz und Holzkohle.

Die natürliche Pflanzendecke der Region wurde und wird vor allem auf zweierlei Weise ernsthaft reduziert. Erstens sind es der illegale Holzeinschlag und Holzdiebstahl, die, wenn auch statistisch nicht erfaßt, immer wieder wegen Nachlässigkeit und in vielen Fällen auch wegen Bestechlichkeit der Kontrollbehörden in großem Umfange möglich sind. Ständig werden Fälle gemeldet, in denen höhere Beamte am illegalen Holzgeschäft beteiligt sind, oder wo Politiker die Bauern sogar ermutigen, sich der Wälder als eines freien Gutes rücksichtslos zu bedienen, weil sie hoffen, dadurch ihre Wahlstimmen zu bekommen (Kanwanich, 1981). Zweitens stellt die von der Bevölkerung praktizierte Brandrodung mit Wanderhackbau (shifting cultivation) eine zunehmende Bedrohung der Ökologie des Nordens dar.

Vor zwanzig Jahren fielen in der Region nach Meinung des Royal Forest Departments mehr als 20.000 km^2 unter diese Landnutzungsform. Das war ein Gebiet, das der damaligen Fläche der landwirtschaftlichen Betriebe (25.000 km^2) nahekam. Neuere Daten liegen nicht vor, aber es ist anzunehmen, daß sich der Wanderhackbau inzwischen wesentlich ausgedehnt hat. Es handelt sich dabei um die traditionelle Landnutzungsform der Bergwaldböden, vor allem durch die Angehörigen der Bergstämme, die sich allerdings sehr unterschiedlicher Methoden bedienen. Während z. B. die Karen und Lahu das Land roden und bebauen und es nach einem Jahr für einen Zeitraum von fünf bis zehn Jahren der Waldbrache überlassen, so daß sich Wald und Bodenfruchtbarkeit regenerieren können, kultivieren die Meos (Hmongs) den Boden bis zur völligen Erschöpfung, ehe sie weiterziehen. In diesem Falle breitet sich sogleich eine dichte, widerstandsfähige Grasdecke über das verlassene Kulturland, in der Imperata cylindrica mit Saccharum spontaneum im Wettbewerb steht. Diese Grasdecke muß mühsam gerodet werden, will man das Land jemals wieder kultivieren. Das erstgenannte System, das in früheren Zeiten eine Brachezeit bis zu zwanzig und mehr Jahren einschloß, hielt bei viel Raum und einer geringen Bevölkerung das ökologische Gleichgewicht durchaus intakt. Davon kann heute aber nicht mehr die Rede sein.

In den letzten Jahrzehnten hat sich im Norden Thailands ein fundamentaler Wandel vollzogen, der nicht ohne Auswirkung auf Boden und Vegetation geblieben ist. Das Vordringen sozialer Dienste bis zu den Bergstämmen hat deren demographische Zunahme (verstärkt durch Zuwanderung von außen) gefördert. Ihre Zuwachsrate ist, trotz hoher Säuglingssterblichkeit, die höchste in ganz Thailand. Damit wuchs der Bedarf an Kulturland, und die Fläche, auf der shifting cultivation betrieben wurde, dehnte sich immer weiter nach Süden aus. Da man bald an das Land der Talbevölkerung stieß, ging man dazu über, die Brachezeit zu verkürzen, was zu katastrophalen Folgen führen mußte.

Neben den Sozialdiensten drang aber auch die Geldwirtschaft in den Norden vor. Damit stieg in den von Thais bewohnten tieferen Lagen der Bedarf an Land, um den Markt zu befriedigen. Da die Täler weitgehend unter Kultur standen, begannen die Thais ihrerseits, den Bergstämmen durch shifting cultivation oder zeitweise Rodungen entgegenzuarbeiten. Das Land, das früher ein Mittel der Bedürfnisbefriedigung gewesen war, wurde zur Ware, die man erwerben und verkaufen, mit der man spekulieren konnte. Es kam zu ersten Berührungen zwischen beiden Gruppen, zu Auseinandersetzungen und gelegentlichen Vertreibungen, zumal die Bergstämme, bis vor wenigen Jahren noch nicht thailändische Staatsbürger, kein Land besitzen durften.

Dieser Prozeß geht vor allem auf Kosten des Bodens und der natürlichen Vegetation vor sich. Heute ist nahezu aller Primärwald zerstört, der Sekundärwald wird immer schütterer, und wo immer ausgelaugter Boden sich selbst überlassen ist, dringt das Imparatagras vor, während der Bestand an großen Bäumen zusehends zurückgeht. Die Folgen sind unausgeglichene Wasserführung der Flüsse, Bodenerosion, Verlandung der Bewässerungsanlagen (Ives, 1980), und die Aufforstungsrate von jährlich etwa 640 km^2 kommt gegen diese Entwicklung nicht an, zumal die Neuanpflanzungen von den Bauern in der Regel nicht respektiert werden. Zwangsweise durchgeführte Aufforstung führt zu einem Interessenkonflikt zwischen Bauern und Ökologen, der praktisch unlösbar ist (Kunstadter, 1978).

In der Nordregion, die 33 % der Staatsfläche umfaßt, leben heute rund 10 Millionen Menschen oder etwa 20 % der Gesamtbevölkerung. Sie verteilen sich sehr ungleichmäßig im Raum. Während die tieferen Lagen, Täler und Senken sehr dicht bevölkert sind und an einigen Stellen sogar die Dichte der Bangkok-Ebene übertreffen sollen, sind die Bergbewohner weit über die Wälder verstreut. Und so reicht die Bevölkerungsdichte (in Einwohnern/km^2) bei einem regionalen Mittel von 56 von 8 (Mae Hong Son) bis 97 (Phichit). Das regionale Bevölkerungswachstum der letzten zehn Jahre liegt mit rund 27 % unter dem nationalen Mittel von rund 34 %.

Die Verstädterungstendenz ist gering, und um 1970 wurden weniger als 6 % der Bevölkerung des äußeren Nordens als städtisch eingestuft. Unter den Städten hat nur Chiang Mai kürzlich die 100.000-Einwohner-Marke überschritten und ist damit als zweitgrößte Stadt des Königreichs in die Reihe der Großstädte aufgerückt. Als weitere größere Stadtzentren sind im äußeren Norden Lampang und Chiang Rai/Phayao und im inneren Norden Nakhon Sawan und Phitsanulok anzusehen, deren Einwohnerzahl sich zwischen 50.000 und 80.000 bewegt. Diese Städte, die durch Straßen und teilweise auch durch Eisenbahn und Flugzeug mit dem Rest des Landes verbunden sind, sind Wirtschaftszentren der modernen Zeit. Demgegenüber haben aber viele der alten Stadtgründungen, die vor Jahrhunderten große Bedeutung hatten (Chiang Saen, Fang, Phayao, Sukhothai), keinen Platz mehr im modernen Thailand und dämmern vergessen vor sich hin. Eine Untersuchung ergab, daß es noch im vorigen Jahrhundert kaum einen Unterschied zwischen Stadt und Land gab, daß sich aber vor allem nach dem Zweiten Weltkrieg kleine Städte und halbstädtische Zentren rasch entwickelten. Der Grund dafür lag in der steigenden Bedeutung von Handelskulturen, die über solche Zentren vermarktet wurden, und im Ausbau eines verzweigten Transport- und Verkehrsnetzes. Diese Entwicklung hat zu einer immer deutlicheren Unterscheidung zwischen Stadt und Land hinsichtlich des äußeren Erscheinungsbildes, der Einkommenshöhe und des Lebensstils der Menschen geführt, wobei bis heute jede Stadt als Relaisstation von Bangkok zu betrachten ist, wo die Entscheidungen fallen (Bruneau, 1975).

Nach den offiziellen Statistiken des Jahres 1978 sind immer noch um 80 % der wirtschaftlich aktiven Bevölkerung der Region in der Land- und Forstwirtschaft und 0,2 % im Bergbau (Primärer Sektor) tätig; nur um 6 % werden Industrie- und Gewerbe (Sekundärer Sektor) und 13,8 % den Dienstleistungsberufen (Tertiärer Sektor) zugerechnet. Lange war die gewerbliche Kleinproduktion des Nordens eng mit den ländlichen Produkten und dem ländlichen Leben überhaupt verknüpft, und auch die Weiterverarbeitung von Reis, Tee und Tabak war zunächst nicht an die Städte gebunden. Mehr und mehr aber nimmt nun internationales Finanzkapital die Entwicklung der Region in die Hand, baut auf Plantagen gestützte Agroindustrien auf und versucht, Kontrolle über diese kleinen Produktionseinheiten zu erlangen. Mehr und mehr wird die „asiatische" durch die „kapitalistische" Produktionsweise abgelöst (Bruneau, 1978).

Typisch für den Norden ist die Berge und Wälder bewohnende Stammesbevölkerung, die schon erwähnten „hill tribes", die, vage genug, auf 300.000 bis 500.000 Menschen geschätzt wird und sich auf rund 3.000 Dörfer verteilt. Sie gliedert sich in zwei Hauptsprachengruppen, in die austro-asiatische, die gewöhnlich unterhalb der 1.000 m Höhenlinie, und die sino-tibetische, die gewöhnlich über dieser siedelt. Die fünf wichtigsten Stämme sind die stark nach Birma orientierten Karen (44,8 %), die Meo oder Hmong (19,3 %), die Yao (5,9 %), die Lahu (5,8 %) und die Lisu (3,4 %). Die verbleibenden 20,8 % entfallen auf kleinere Gruppierungen. Dieser Bevölkerungsteil lebte bis in die jüngere Zeit kulturell und wirtschaftlich weitgehend isoliert von der Thaibevölkerung und treibt, wie gesagt, in der einen oder anderen Form einen erosionsfördernden Wanderhackbau. In Zeiten der Spannung stellt er ein politisch unsicheres Element dar, und der Anbau von Mohn und der Handel mit Opium sind eine weitere Spezialität, die von der Zentralregierung nicht geschätzt wird (Seidenfaden, 1967; Young, 1969; Kunstadter, 1978).

Sieht man einmal von einer gewissen Südwanderung der Stämme, vor allem der Meos, ab, so sind die Migrationstendenzen in der Region geringer als anderswo; das gilt vor allem für den äußeren Norden. Ein lechter Wanderungsgewinn zeigt

57

sich in den nördlichen Provinzen Chiang Mai, Chiang Rai und auch Mae Hong Son und Phitsanulok. Wanderungsverluste melden die weiter südlich gelegenen Provinzen mit deutlicher Zunahme nach Süden (Phichit, Nakhon Sawan). Starke Wanderungsgewinne zeigen demgegenüber die westlichen und östlichen Randprovinzen Kamphaeng Phet und Phetchabun. Der wichtigste Umstand, der im Norden eine Abwanderung auslöst, ist der Mangel an Land. Daher verlieren Provinzen, deren kultivierbares Land weitgehend besiedelt ist, Teile ihrer Bevölkerung, während solche, die Landreserven besitzen oder in denen neue Agrargebiete durch Straßenbau, Flußregulierung oder Bewässerung erschlossen werden, einen Wanderungsgewinn zeigen (Cochrane, 1979).

Im Gegensatz zur Zentralebene, wo alljährlich mit einer länger andauernden Überflutung der Reisfelder gerechnet werden kann, muß sich der Bauer des Nordens auf relativ kurze, heftige Fluten einrichten. Will er über längere Zeit bewässern, so geht das nicht ohne ein Mindestmaß an Investitionen und technischem Können. Grundsätzlich ist die Topographie der intramontanen Täler und Senken ideal zur Anlage von Bewässerungssystemen, weil man die Hauptverteilungskanäle vom Wehr aus entlang den Talflanken führen und von hier mit natürlichem Gefälle bewässern kann. Aus diesem Grunde haben die Thai-Völker von Anbeginn an hier im Norden Ableitungskanäle mit den ihnen zur Verfügung stehenden Mitteln wie Holz, Bambus und Steinen angelegt. Allerdings reichte diese Technologie nicht zum Bau von Rückhaltebecken aus, so daß bis heute die Bewässerungslandwirtschaft des Nordens stark von der Wasserführung der Flüsse abhängt.

In früheren Zeiten gingen Bau und Instandhaltung in der Regel auf die Initiativen der örtlichen Aristokratie zurück, deren Vertreter Wasserzins kassierten und für die Bereitstellung des Wassers sorgten (Graham, 1924). Diese Zeiten sind vorüber. Konzessionäre mit befristeten Rechten traten an die Stelle der Adligen, und die Übernahme der Anlagen durch die Benutzer endete häufig mit dem Verfall von Kanälen und Wehren und dem Bau kleiner, individueller Systeme. Trotz langer Erfahrung ist die Organisation und Instandhaltung gemeinschaftlicher Bewässerungsanlagen weiter ein Problem geblieben (Neher, 1974). In jüngerer Zeit wird versucht, den Bau und die Unterhaltung kleinerer Anlagen durch „Volksbewässerungsvereinigungen" und „Wasserverbraucherverbände" zu regeln (Wijeyewardene, 1973).

Um die Wasserversorgung bis in die Trockenzeit hinein sicherzustellen, hat die Regierungspolitik den Schritt vom Ableitungswehr zum Rückhaltebecken, d. h. zur Talsperre gemacht. Bisang bewässert man im äußeren Norden etwa 100.000 ha Land über ein gutes Dutzend von Ableitungswehren, überwiegend in der Regenzeit. Sollte es zur Durchführung der gegenwärtigen ambitiösen Pläne kommen (und zahlreiche Talsperren sind schon im Bau), so würde sich diese Fläche verfünffachen. Dabei stehen vor allem die Ebenen von Chiang Rai, Chiang Mai und Lampang im Mittelpunkt der Planungen, weil sich hier ausgedehnte Alluvialflächen zur Bewässerung anbieten. Die Projekte im inneren Norden, der über ausgedehntere bewässerbare Flächen verfügt, stützen sich hauptsächlich auf die Flüsse Ping, Yom und Nan, wobei die Großstauanlagen Bhumiphol- und Sirikit-Damm mit ihren nachgeordneten Stau- und Ableitungsbauten für die Verteilung sorgen.

Wenn auch, wie erwähnt, noch immer rund 80% der Berufsbevölkerung des Nordens in der einen oder anderen Form im Primärsektor beschäftigt sind, so hat sich doch die Landnutzung in den letzten Jahren qualitativ und quantitativ gewandelt. Das Ministerium für Landwirtschaft gab für 1965 eine Gesamtfläche aller Höfe von 2,6 Millionen ha an. Nach derselben Quelle lag diese Zahl zehn Jahre später bereits bei 3,8 Millionen ha. Daß es erhebliche Unterschiede zwischen dem äußeren und dem inneren Norden sowie zwischen den einzelnen Provinzen gibt, liegt auf der Hand. So betrug 1965 der Anteil des Ackerlandes an der Gesamtfläche im äußeren Norden 8,2% gegenüber 22,8% im inneren Norden. Er lag in der Provinz Mae Hong Son zur gleichen Zeit bei 0,8% gegenüber 59,6% in der Provinz Phichit.

Nach Schätzungen der Weltbank hat sich die Kulturfläche der Region inzwischen auf 5,3 Millionen ha erweitert, was nur durch einen erheblichen Rückgang der Waldfläche erreicht werden konnte. 1978 schätzte dieselbe Institution, daß mit einer weiteren Ausdehnung der Kulturfläche um 19% zu rechnen sei. Das dürfte wohl inzwischen geschehen sein, wenn man den alarmierenden Presseberichten glauben darf (IBRD, 1980).

Im Gegensatz zu den anderen Regionen war der bäuerliche Kleinbesitz mit einer mittleren Betriebsgröße von 1,4 ha lange Zeit typisch für den äußeren Norden. Nach dem Zensus von 1963 wurden noch 71,4% der Höfe von ihren Eigentümern bewirtschaftet, aber schon damals waren die Unterschiede beträchtlich. Während z. B. in Phrae diese Zahl noch 95,8% betrug, waren es in Lampang nur 22,0%. Das deutet an, daß fortschreitende Entwicklung und Erschließung oft mit dem Verlust kleinbäuerlicher Unabhängigkeit einhergehen, und bereits Anfang der 1970er Jahre berichtete die thailändische Presse, daß der Anteil der unabhängigen Bauern im Norden von 70% auf 40% abgesunken sei, und 1979 meldete die Weltbank, daß die Gruppe der landlosen Landarbeiter, die es vor zwanzig Jahren überhaupt noch nicht gegeben hatte, rasch zunimmt.

Diese Tendenz, die ja auch in der Zentralregion zu beobachten ist, verstärkt sich. Der Prozeß der Enteignung und Verarmung wird von verschiedenen Umständen in Gang gehalten. Zunächst ist es das Fehlen von Neuland, auf das sich die wachsende Bevölkerung ausbreiten könnte, so daß die Familienhöfe immer kleiner und unproduktiver werden (Fuhs, 1975; ders., 1979); dann fördert das Vordringen der kapitalistischen Produktionsweise die Entstehung von Plantagen und bäuerlichen Großbetrieben, die für den inneren und äußeren Markt (etwa Konservenfabriken) produzieren; und schließlich nützt die Einführung moderner Produktionstechniken und neuer marktgängiger Kulturen im allgemeinen vor allem den wohlhabenderen Bauern. Deren Fortschritt geht in vielen Fällen auf Kosten der Klein- und Kleinstbauern vor sich, obwohl auch diese mehr und mehr zu Zweitfrüchten (Gemüse, Tabak usw.) übergehen. Selbst die vom Staat durchgeführten Entwicklungsmaßnahmen, die ausdrücklich zur Förderung der Kleinbauern gedacht waren, nützen, nach Anfangserfolgen, doch überwiegend den bessergestellten Landbesitzern (Bruneau, 1980; Waddhanaphuti, 1980).

Es steht außer Frage, daß die Landwirtschaft Thailands ganz allgemein in den letzten fünfzehn Jahren eine rasante Entwicklung durchlaufen hat, was allein schon aus der Verdopplung der Nutzfläche erhellt. Auch ist anzuerkennen, daß der Anteil der Bevölkerung, die in absoluter Armut lebt, fühlbar zurückgegangen ist. Im Norden sank dieser Anteil z. B. von 60 % (1962) auf 28 % (1976). Zugleich aber muß eingeräumt werden, daß die Bevölkerung und die Regionen von der günstigen Entwicklung höchst ungleichmäßig profitiert haben. So konnte die Hälfte der bäuerlichen Bevölkerung des Nordens nicht daran teilhaben, weil sie keinen Zugang zu moderner Technologie hatte und zu kleine Parzellen bewirtschaftete. Welche Kriterien man auch zu Grunde legt, die überwältigende Mehrheit der Armen lebt in den ländlichen Gebieten besonders des Nordens und des Nordostens (Meesook, 1979; IBRD, 1980).

Landwirtschaftliche Produktion und Anbaufläche schwanken oft beträchtlich von Jahr zur Jahr. Hinzu kommt, daß erhebliche Anbaudifferenzen zwischen der nördlichen und der südlichen Subregion bestehen. So liegen z. B. die Reiserträge dank intensivster Bewirtschaftung der Felder und dem Umstand, daß hier Klebereis (Oryza glutinosa) mit generell höheren Erträgen angebaut wird, im äußeren Norden höher als im inneren. Ebenso hat die Tabakerzeugung im äußeren Norden eine viel größere Bedeutung als in der südlichen Subregion. Nach dem Agrarzensus von 1978 stehen in der Gesamtregion etwa 1,7 Millionen ha unter Reis und 0,6 Millionen ha unter Mais. Weitere wichtige Feldkulturen sind Mungbohnen, Sojabohnen, Zuckerrohr, Erdnüsse, Tabak und Baumwolle.

Die Bergstämme erzeugen ihre Basisnahrung an Bergreis und Mais wie beschrieben auf dem Wege des Wanderhackbaus (vgl. etwa F. Scholz, 1969; Weber, 1969; van Roy, 1971; Hohnholz, 1975). Die marktgängigste Kultur einiger Stämme war über lange Zeit (und ist es vermutlich auch heute noch) der Mohn zur

Produktion von Opium. Dieses Produkt dient zu einem Teil dem Eigenbedarf, denn als sich Thailand 1959 entschloß, die Opiumproduktion zu verbieten, gab es 71.000 registrierte Opiumraucher. Zum größten Teil aber wird das Rohopium dem Handel und der Weiterverarbeitung zugeführt. Der Anbau erfolgt in Höhen über 1.000 m auf verborgenen Hängen und frischen Kahlschlägen, um den Kontrollen zu entgehen, und fördert damit erheblich die Bodenerosion. Produktion und Handel liegen vorwiegend in den Händen der Bergstämme der sino-tibetischen Gruppe (Meos, Lisu, Akha usw.), die auch selbst Verbraucher sind.

Das Opiumgeschäft ist in dem sogenannten „Goldenen Dreieck" konzentriert, einem Gebiet, das Teile Nordthailands, Laos' und Birmas umfaßt. Der Opiumpfad führte früher direkt von Tachilek in Birma über den Mae Sai-Fluß nach Chiang Rai und weiter nach Lampang, das während eines Jahrhunderts ein bedeutendes Opiumhandelszentrum war. Nach dem Verbot der Opiumproduktion und des -handels hat sich diese Route weiter nach Westen verlagert. Man reist über den Mae Kok ein und bringt das Material mit Karawanen über Fang in die Nähe von Chiang Mai, wo es verarbeitet wird. Bei Lamphun soll sich eine Industrie zur Herstellung von Heroin und anderen Derivaten entwickelt haben.

In den letzten Jahren hat die Regierung von Thailand in Zusammenarbeit mit den Vereinten Nationen (Project for Drug Abuse Control) und den Vereinigten Staaten ernsthaft versucht, den Anbau und den Handel von Opium zu unterbinden und den betroffenen Bergbauern Alternativkulturen oder andere Erwerbsmöglichkeiten anzubieten. Der Erfolg dieser Maßnahmen ist noch nicht abzusehen, da es sich um ein Langzeitprogramm handelt und weil die Opiumhändler, weitgehend unterstützt von den Resten der Kuomintangtruppen in Nordthailand, mit Geschick und Gewalt ebenfalls versuchen, ihre Interessen zu schützen (Geddes, 1973; Williams, 1979).

Zu möglichen Alternativkulturen gehören unter anderem Tee und Kaffee, d. h. Baumkulturen, die zur Bodenstabilisierung beitragen würden und in geringerem Umfang auch bereits angebaut werden. Wildwachsender Tee (miang) ist in Thailand schon sehr lange bekannt, und zahlreiche Bauern haben sich bereits auf modernen Teeanbau umgestellt. Es gibt auch eine Reihe von Plantagen. Allerdings kann die einheimische Teefabrik in Chiang Mai den nationalen Bedarf nicht decken, und die Förderung der kleinen Bauern gerade in dem ausbaufähigen Teesektor läßt zu wünschen übrig (van Roy, 1971). Auch Kaffee wird in den Provinzen Chiang Mai und Mae Hong Son erst in geringem Umfang angebaut. Die Varietät Coffea arabica, die in Höhen über 1.000 m wächst, hätte gute Chancen, wenn man sich entschließen könnte, Sorten einzuführen, die gegen die vorherrschenden Krankheiten resistent sind.

Die Anpassungsfähigkeit und der Fleiß der nördlichen Bauern drückt sich aber ganz besonders in der Produktion von Gemüse und Obst aus. Vor allem ersteres wird als Zusatzkultur auf den Reisfeldern angebaut, wenn die letzte Reisernte eingebracht ist. Dabei wird die Restfeuchte im Boden oder, wenn vorhanden, Bewässerung genutzt. Auf etwa 50.000 ha werden im äußeren Norden im Jahr um 180.000 t Gemüse erzeugt, was nicht weniger als 50 kg/Kopf der Bevölkerung entspricht. Die Sorten richten sich nach der Nachfrage, und ein großer Markt besteht für alle Arten von Zwiebeln, Kohl und natürlich Pfefferschoten (chili). In Lampang werden bereits Obst- und Gemüsekonserven produziert. Bei der Obstproduktion stehen Ananas, Melonen und Bananen als Feldfrüchte neben 4,5 Millionen Obstbäumen. Hier wiederum rangieren Orangen aus Nan an erster Stelle, gefolgt von den beliebten Longan oder Lamyai, die in der Saison in großen Mengen in den Süden transportiert werden. Die Bedeutung des äußeren Nordens für die Obst- und Gemüseproduktion wird besonders deutlich, wenn man bedenkt, daß die südliche Subregion nur etwa 30.000 ha unter Gemüse und nur etwa 3 Millionen Obstbäume hat. Es sei hier angemerkt, daß die Bemühungen um Alternativkulturen zur Ablösung des Mohnanbaus in den Bergen die Einführung verschiedener Gemüse- und Obstsorten mit umfassen, die einen sicheren Markt versprechen.

Der Norden ist kein ausgesprochenes Viehzuchtgebiet, und die Zahl der Großvieheinheiten (GVE), also Rinder und Büffel, entspricht mit 20 % des nationalen Bestandes ziemlich genau dem Anteil der Bevölkerung. Rinder und Büffel als Arbeitstiere folgen dem Reisbau, und so haben z.B. die drei Hauptreisanbau-Provinzen des äußeren Nordens 75 % des Reislandes und 66 % der GVE, während die Provinz Mae Hong Son mit 1,4 % des Reislandes nur 0,7 % der GVE hat – jeweils auf die Subregion bezogen. Schweine und Geflügel hingegen verteilen sich entsprechend der Bevölkerung. Neun öffentliche und eine ausländisch geförderte Station zur Förderung der Viehzucht in der Region zeigen das Interesse, das grundsätzlich an diesem Wirtschaftssektor besteht. Die Breitenwirkung dieser Stationen läßt allerdings immer noch zu wünschen übrig, da die Bauern in der Regel weitab vom Chiang Mai-Tal leben, wo sich allein sechs dieser Zentren befinden.

Als Jäger interessieren sich die Bergstämme vor allem für das Wild, das es noch immer reichlich in den Wäldern des Berglandes gibt (Young, 1967), wenn auch die Degradierung der Wälder erwarten läßt, daß das indische Wildrind (Bos gaurus) in zehn und der wilde Elefant in 30 – 40 Jahren verschwunden ist (Kanwanich, 1981). Darüber hinaus halten sie, je nach Stamm, verschiedene Haustiere, die eine ökonomische, vor allem aber auch eine rituelle Funktion als Opfertiere (Falvey, 1979) haben. So findet man Rinder, Schweine, Hunde und Tragtiere bei den einzelnen Stämmen, und es gibt auch Fälle der Arbeitsteilung zwischen den Talbewohnern und den Bergstämmen, bei der letztere Rinder auf ihre Bergweiden übernehmen und dafür Kälber als Bezahlung erhalten. Die Viehhaltung in der südlichen Subregion entspricht im großen und ganzen der in Zentralthailand.

Da die Region weit von der Küste entfernt liegt, kann zur Deckung des Bedarfs an Fisch nur die Binnenfischerei in Seen, Flüssen und künstlichen Gewässern in Betracht kommen. Die Regierung hat vier Stationen zu ihrer Förderung eingerichtet, und generell kann gesagt werden, daß sich dieser Wirtschaftszweig, vor allem angesichts der Ausfischung des Golfs von Thailand, in den letzten Jahren rasch entwickelt hat. Der Norden besitzt allein 82.000 ha an natürlichen und künstlichen Seen und Tausende von privaten und öffentlichen Fischteichen, und wenn auch regionale Produktionsstatistiken nicht vorliegen, so dürfte doch gerade er einen guten Teil zum nationalen Süßwasserfischaufkommen beitragen.

Die Topographie des äußeren Nordens hat von Alters her den Transport mit Trägern gefördert, während der Ochsenkarren auf die Talstraßen und die Vorberge beschränkt blieb. Dennoch durchziehen uralte Handelswege die Region, die einst Chiang Mai als wichtigstes Zentrum mit Burma, Südchina, Laos und selbst mit Tibet verbanden. Auch durch den inneren Norden lief eine alte Handelsstraße, die Laos über Sukhothai mit der birmanischen Küste (Moulmein, Pegu) verband. Häufige Grenzschließungen durch die Nachbarstaaten haben verhindert, daß diese Wege gänzlich durch den modernen Verkehr übernommen wurden, da es durchweg an geöffneten Grenzstationen oder an einer Fortsetzung der Straße fehlt.

Tatsächlich haben Straße, Eisenbahn und Flugzeug das Verkehrsbild nur marginal verändert, weil sie im Bergland keine Flächenwirkung haben konnten. Als erstes modernes Transportmittel erreichte die Eisenbahn von Bangkok aus den Rand der Berge im Jahre 1909 und Chiang Mai 1921. In der Folge entwickelten sich zwar einige Zubringerstraßen zu den Bahnhöfen, doch blieb diese Aktivität der örtlichen Initiative überlassen und war sehr begrenzt. Erst nach dem Zweiten Weltkrieg, als Bangkok den Straßenbau vorantrieb, wurde die Region an das nationale Straßennetz angeschlossen, und man kann heute die Nordgrenze von der Hauptstadt aus über eine gute Straße von 1.010 km Länge erreichen. Zunächst folgten die Fernstraßen den Flußtälern, und es dauerte bis weit in die 1960er Jahre, ehe so wichtige Querverbindungen wie Chiang Mai – Lampang oder Mae Sot – Tak – Lom Sak eröffnet wurden.

Das nationale Flugnetz verbindet heute drei Provinzen mehrmals täglich und vier Provinzen mehrmals wöchentlich mit der Hauptstadt. Die Binnenschiffahrt reicht von Süden her bei Niedrigwasser auf dem Chao Phraya bis in den Raum von Sukhothai, bei Hochwasser bis an die großen Dämme. Im äußeren Norden ist sie, von gelegentlichen Ausnahmen abgesehen, wegen des Charakters der

Flüsse auf die Holzflößerei und den Verkehr mit kleineren Booten bei günstigen Wasserverhältnissen beschränkt. Zwischen dem lose geknüpften Netz moderner Verkehrswege bleibt der größte Teil des Gebietes weiter auf den traditionellen Transport mit Trägern und Packtieren im Norden und mit Ochsenkarren in den Tälern und im Süden angewiesen.

Der geologische Zusammenhang der Region mit der Zentralkordillere deutet auf Möglichkeiten für eine Bergbauindustrie hin, und seit den amerikanischen Forschungen um 1950 und den deutschen Untersuchungen während der 1970er Jahre wächst das Interesse an diesem Sektor. Von den vierzehn bekannten Mineralien wurden um 1970 allerdings nur neun in der Region abgebaut, und die Produktions- und Exportzahlen schwanken beträchtlich je nach der Lage des Weltmarktes. Grob geschätzt produziert der Bergbau gegenwärtig 1 Million t. Dabei steht Braunkohle mit 680.000 t p. a. bei steigendender Tendenz an der Spitze, gefolgt von Fluorit bei derzeit fallender Tendenz. Es werden ferner Mangan, Antimon und Baryt gefördert. Der Norden produziert etwa 85 % des in Thailand geförderten Fluorits, 73 % des Antimons und 66 % des Mangans. Räumlich ist der Bergbau um Lampang konzentriert, wo vor allem die bedeutenden Braunkohlelager abgebaut werden.

Diese Lignitgruben, die bei dem Örtchen Mae Mo liegen, liefern zwar ein qualitativ schlechtes Material, speisen aber ein wichtiges Wärmekraftwerk, das zusammen mit den Hydrokraftwerken am Bhumiphol- und am Sirikit-Damm und dem Dieselkraftwerk von Chiang Mai die Grundlage eines nördlichen Energieverbunds sind, nachdem die Region über lange Zeit nur durch 48 kleinere und isolierte lokale Generatoren mit Energie versorgt wurde.

Die letzten verfügbaren Zählungen (1978) zeigen eine eindrucksvolle Zunahme der Beschäftigten im nichtlandwirtschaftlichen Bereich. So verdoppelte sich die Zahl der in der Fertigungsindustrie und im Handel Tätigen seit 1970, und die Zahl derjenigen im Dienstleistungsgewerbe wuchs um 63 % (NSO, 1979). Räumlich konzentrieren sich diese Arbeitsplätze vor allem in dem Dreieck Chiang Mai – Chiang Rai – Lampang und im Raume Nakhon Sawan-Phichit. Dreiviertel der industriellen Arbeitsplätze kommen im äußersten Norden auf die Tabak- und die Holzwirtschaft sowie auf die Verarbeitung von Nahrungsmitteln, während in der südlichen Subregion allein 60 % auf den letzten Sektor entfallen. Angesichts einer Berufsbevölkerung von 4,8 Millionen Menschen zeigt sich eine erfreuliche Tendenz zur Diversifizierung.

Man gewinnt den Eindruck, daß das nördliche Thailand einem rascheren und gründlicheren Wandel entgegengeht als jede andere Region des Königreichs. Das mag daran liegen, daß es lange Zeit von tiefgreifenden Änderungen verschont geblieben ist. Heute zwingen Bevölkerungsexplosion, Entwaldung und die Forderungen der Marktwirtschaft zu schnellen und effektiven Maßnahmen, um den Raum vor einer endgültigen physischen Zerstörung und seine Bewohner vor einer Verarmung zu bewahren, die sie wegen der Vernichtung des Potentials ihrer Umwelt nicht mehr durch eigene Bemühungen überwinden könnten. Die Erfolgsaussichten der geplanten und spontanen Bemühungen hängen hier wie überall im Lande von vielen Faktoren ab, deren Wurzeln nicht immer in der Region selbst liegen.

6. Der Süden

Der Süden Thailands unterscheidet sich erheblich vom Kernland. Schon seine Form, eine sich über mehr als 600 km hinziehende Halbinsel mit nordsüdlich verlaufenden Bergzügen, und die ethnische und ökonomische Struktur zeigen, daß man es hier mit Verhältnissen zu tun hat, die untypisch für das Bild sind, das man sich gemeinhin von Thailand macht. Während eines großen Teils seiner Geschichte war dieses Gebiet zwar der jeweiligen siamesischen Zentralgewalt verpflichtet, doch führten seine Provinzen unter örtlichen Rajas ein mehr oder weniger eigenständiges Leben. Nach Süden nimmt der Anteil der Malayen mehr und mehr zu, und die drei südlichsten Provinzen haben eine klare muslimische Mehrheit. Daher ist ihre kulturelle und familiäre Bindung nach Malaysia viel stärker als etwa nach Bangkok oder auch nur zu ihren thai-buddhistischen Nachbarn.

Das ist einer der Gründe, warum es seit langem Konflikte zwischen dem muslimischen Bevölkerungsteil und der Zentralregierung gibt. Dabei stehen die Sorge um die Erhaltung der kulturellen Identität und Angst vor Benachteiligung auf wirtschaftlichem Gebiet im Vordergrund, und verschiedene politische Gruppen streiten mehr oder weniger gewalttätig um die Durchsetzung von Zielen, die vom gesellschaftlichen Wandel bis zu klarem Separatismus reichen (Tugby, 1973; Suhrke, 1973). Es wird weitgehend an dem sozioökonomischen Kurs der Zentralregierung und daran liegen, ob sie die Eigenständigkeit dieser Provinzen im Rahmen Thailands sichern kann, wie sich die Verhältnisse in der Region und vor allem in ihrem extremen Süden entwickeln.

Die Region schließt sich an den Südwesten Zentralthailands an und umfaßt den Golf von Thailand mit ihrer Ostküste. Im Westen wird sie zunächst von der Tenasserim-Kette begrenzt, über die die birmanisch-thailändische Grenze läuft und die an Birmas Südspitze (Victoria Point) endet. Östlich davor schiebt sich die Phuket-Kette, die über 300 km nach Süden reicht und die westliche Küstenkordillere bildet, bevor sie in der Insel Phuket und in einer Gruppe von Schären ausläuft und im Meer versinkt. Sie übersteigt nur an wenigen Stellen 1.000 m, bildet aber eine ausgeprägte Barriere, die das Hinterland von der Westküste abschließt. Etwa 150 km östlich davon erstreckt sich die Nakhon (Si Thammarat)-Kette in nordsüdlicher Richtung. Sie läuft nach Norden in die Inselgruppe um Ko Samui, nach Süden in die um Ko Ta Ru Tao aus. Dieses Gebirge besitzt in seinem Nordteil im Khao Luang (1.833 m) den höchsten Punkt der Region, wird nach Süden aber flacher. Es bildet gleichzeitig die östliche Grenze eines Gebietes voller isolierter Kalksteinblöcke und kleinerer Bergmassive, das sich bis zur Phuket-Kette hinzieht und nach Süden in zahlreiche kleine Inseln ausläuft. In der Regel übersteigen die einzelnen Erhebungen 300 – 500 m nicht, sie sind oft

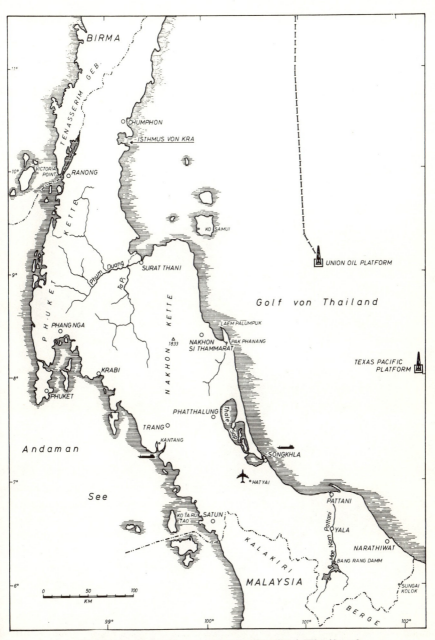

Karte 6: Orientierungskarte für Süd-Thailand

mit Wald oder Gestrüpp bewachsen und nur spärlich bevölkert. Die Südgrenze des Landes wird von den Kalakiri-Bergen gebildet, die zwar schon auf malaysischem Gebiet liegen, aber ansehnliche Ausläufer nach Norden auf thailändisches Gebiet senden.

Die Gebirgsformationen gliedern die Region deutlich in einen westlichen und einen östlichen Teil und prägen besonders stark das Gesicht der Westküste zur Andaman-See hin. In ihrem nördlichen Teil fehlen Küstenebenen fast ganz, und die wenigen vorhandenen sind schmal und oft von Mangrovendickichten und Sümpfen bedeckt. Nach Süden dehnen sie sich zwar weiter ins Hinterland aus, sind aber mit Wäldern und Sümpfen durchsetzt und wenig erschlossen. Demgegenüber erstreckt sich eine weitgehend kultivierte Ebene an der Ostküste zum Golf von Thailand von Chumphon bis Narathiwat hin. Während auf langen Strecken die Gebirge an der westlichen Ingressionsküste abrupt ins Meer abfallen, ist die Ostküste als Regressionsküste flach, und die Ebenen reichen weit ins Hinterland. Wind und Wellen haben die Bildung von Nehrungen begünstigt. Trotz der ausgeprägten Höhenzüge liegen 65% der Region niedriger als 100 m über NN.

Die besondere Form einer Halbinsel gestattet die Entwicklung ausgedehnter Flußsysteme nicht. Stattdessen überwiegen kurze Küstenflüsse. Da die kontinentale Wasserscheide ziemlich weit im Westen verläuft, entwässert die Halbinsel überwiegend nach Osten. Die zahlreichen kleinen Küstenflüsse sind um 30 km lang. Unter Flüssen mittlerer Größe ist der Mae Nam Pak Phanang der wichtigste, weil an seiner Mündung der Hafen von Nakhon Si Thammarat, Pak Phanang, liegt. Das mit Abstand wichtigste Flußsystem ist das des Mae Nam Ta Pi mit einem Einzugsgebiet von über 19.000 km^2. Auch der Mae Nam Pattani kann mit zu den großen Flüssen der Region gerechnet werden.

Die hydrologischen Daten der peninsularen Flüsse – soweit überhaupt registriert – zeigen kaum eine Korrelation mit der Verteilung der Regenfälle im Osten und Westen der Halbinsel. Einige Flüsse haben Sommer-, andere Wintermaxima, obwohl sie jeweils in einer Richtung entwässern, in der Winter bzw. Sommerniederschläge vorherrschen. Die ziemlich verwirrenden Daten erklären sich daraus, daß viele der Einzugsgebiete bis in andere Niederschlagszonen – also weit nach Westen bzw. weit nach Osten – reichen und sich erheblich hinsichtlich Relief, Böden und Vegetation voneinander unterscheiden.

Der schmale Teil der Region nördlich von Chumphon wird alljährlich das Opfer schwerer Überschwemmungen, wenn die kurzen Flüsse die Regengüsse nicht mehr aufnehmen können. Dabei werden gelegentlich ganze Felder und Siedlungen weggespült, das Land wird mit Sand und Geröll überlagert, und die Flüsse ändern oft ihr Bett. Sturmfluten vom Meer her bedrohen die Ostküste zwischen

Pak Phanang und Songkhla, wobei immer wieder die Reisfelder durch Salzwasser verdorben werden. Die starke Sedimentführung der östlichen Flüsse führte und führt zur Bildung von Mündungsdeltas und Sandbarren, und die Ostküste hat sich in historischer Zeit sichtbar verändert. Interessante Beispiele dafür sind die Nehrungen von Laem Palumpuk und Pattani, der Ufersee Thale Sap (Donner, 1978) und das Mündungsgebiet des Khlong Sungai Kholok (Golokfluß) an der Grenze zu Malaysia (Hohnholz, 1980).

Im Westen verhindern kurze und steile Täler einen ähnlichen Prozeß. Die Prospektion nach Grundwasser hat vor allem in den alluvialen Ebenen der Ostküste gute Resultate gebracht. Die Bohrungen dienen in erster Linie der Versorgung der Bevölkerung mit Trinkwasser.

Die Region, die sich über fünf Breitengrade erstreckt, in Halbinselform zwischen zwei Ozeanen liegt, der Länge nach von Gebirgen durchzogen wird und voll den südwestlichen und den nordöstlichen Monsunwinden ausgesetzt ist, besitzt zwangsläufig ein ausgesprochen maritimes Klima. Die Gebirgszüge bewirken, daß es erhebliche Unterschiede zwischen der westlichen und der östlichen Küste gibt, wennschon sie auch wiederum nicht so ausgeprägt sind, wie man erwarten möchte. Das wurde bereits bei Betrachtung der Hydrographie deutlich. Der Einfluß auf das ländliche Wirtschaftsleben ist allerdings überall spürbar. Die Region erhält im Schnitt 2.400 mm Niederschläge im Jahr, und in jedem Monat fällt wenigstens etwas Regen. Damit erschöpft sich allerdings schon die Gemeinsamkeit zwischen Ost und West. Während nämlich die Westküste voll dem sommerlichen Südwest-Monsun ausgesetzt ist, steht die Ostküste unter dem Einfluß des winterlichen Nordost-Monsuns. Die Region registriert die höchsten Niederschläge in Thailand. Sie fallen vorwiegend an der Westküste (Ranong 6.699,5 mm) und übertreffen die ebenfalls erheblichen Niederschläge Südostthailands. Aber auch an der Ostküste kann es zu enormen Regenfällen kommen. Der höchste Niederschlag innerhalb von 24 Stunden wurde in Narathiwat mit 625,9 mm gemessen. Die Temperaturen liegen für die Region im Jahresmittel bei 27,3 °C, wobei der Sommer im Westen etwas wärmer, der Winter im Osten etwas kühler ist. Die Maxima im April und die Minima im Dezember variieren nur um 2,2 °C.

Die üppige tropische Vegetation, die der Reisende in vielen Teilen Südthailands sieht, verbirgt oft, daß das Potential an fruchtbaren Böden durchaus begrenzt ist. Die Topographie ist ungünstig, und flache, steinige Böden mit geringer natürlicher Fruchtbarkeit überwiegen. Zerstörerische Fluten, mangelhafte Dränage und Bodenerosion charakterisieren die natürlichen Verhältnisse der Region. Wenigstens ein Drittel der Gebirgsböden gestatten eine Nutzung nur als Waldland mit Wildbestand, als Wasserschutz- und Erholungsgebiete.

1975 wurden 35% der Fläche als Wald ausgewiesen. Das bedeutet einen Rückgang von 34% seit der Landnutzungsstatistik von 1964. Diese Waldfläche liegt hauptsächlich auf der westlichen Hälfte und besteht überwiegend aus immergrünen tropischen Spezies (Dipterocarpus, Shorea, Lagerstroemia spp. u.a.). An zweiter Stelle rangieren bereits die Mangrovenbestände an den sumpfigen Küstenstrecken vor allem im Westen. Obwohl mehr als 4.000 km^2 als Land unter Wanderhackbau angegeben werden, besteht doch ein erheblicher Unterschied gegenüber dem Norden Thailands, denn die in den Wäldern lebende Stammesbevölkerung ist zu klein, um nachhaltigen Schaden anrichten zu können. Es handelt sich mehr um das Vordringen der Bauern in die Waldzone, d.h. Rodung zur Ausdehnung des Acker- und Plantagenlandes, wie es sich jetzt vor allem im Raum Surat Thani/Nakhon Si Thammarat abspielt.

Eine Untersuchung des Bodenpotentials (land capability) hat ergeben, daß kaum 3% der Böden der Region gut für den Regenfeldbau sind. 17,5% werden als brauchbar für den Reisanbau, nicht aber als besonders geeignet eingestuft. Demgegenüber eignet sich etwa ein Viertel gut für die Kultivierung von Kautschuk. Zu diesen Arealen, die nicht einmal die Hälfte der Gesamtfläche ausmachen, kämen noch 2,1 Millionen ha (30,3%), die sich in Grenzen für Regenfeldbau eignen würden. Heute stehen etwa 589.000 ha (1976) unter Reiskultur, also etwa die Hälfte der Fläche, die mit Einschränkungen als dafür geeignet angesehen wird. Mit knapp 1 Million ha erreichen die Kautschukpflanzungen kaum die Hälfte des für sie geeigneten Bodens. Hinzu kommen noch etwa 100.000 ha an Kokospflanzungen.

In Südthailand, das 13,7% der Landesfläche umschließt, leben (1979) 5,7 Millionen Menschen. Das entspricht 12,4% der Gesamtbevölkerung, und der jährliche Bevölkerungszuwachs, der von 3,3% (1960/70) auf 2,8% (1970/76) zurückging, liegt damit genau auf dem nationalen Durchschnitt. Natürlich bewirkt die Topographie und das unterschiedliche Potential der einzelnen Landschaften eine recht ungleichmäßige Verteilung der Bevölkerung. Die Bevölkerungsdichte der einzelnen Provinzen reicht von 17/km^2 (Ranong) bis 164/km^2 (Pattani). Zwischen 1960 und 1970 hat die Zahl der Menschen in den westlichen Provinzen wesentlich stärker als in den östlichen zugenommen, Satun z.B. um 68%. Insgesamt aber sind die Westküstenprovinzen mit 43/km^2 weniger dicht besiedelt als die Ostküstenprovinzen mit 67/km^2. Der Verstädterungsprozeß verläuft langsamer als in Gesamtthailand und nach einem unterschiedlichen Muster. Über lange Zeit haben die Kleinstädte als Handelszentren und als Zielorte ländlicher Abwanderung eine hervorragende Rolle gespielt (Romm, 1973). 1970 galten in Thailand 13,2% der Bewohner als städtisch, im Süden nur 10,7%. Dabei waren es hier nicht die traditionellen Städte, die besonders rasch gewachsen sind. Die

Einwohnerschaft der Stadt Krabi z. B., die durch die neue Fernstraße aus ihrer Isolierung gelöst wurde, wuchs zwischen 1947 und 1970 um das 5,5-fache. Im gleichen Zeitraum wuchs die Einwohnerzahl der durch Straße, Schiene und Flugzeug mit der Außenwelt verbundenen Plätze Hat Yai um das 3,2- und Trang um das 3,4-fache. Von den 25 Städten haben sechs mehr als 30.000 Einwohner. An der Spitze stehen Hat Yai mit 47.953, Songkhla mit 41.183 und Nakhon Si Thammarat mit 40.671 Einwohnern.

Die wirtschaftlich aktive Bevölkerung Südthailands zeigt zwar noch immer eine wenig entwickelte Struktur, ihre Zusammensetzung näherte sich aber in den letzten zehn Jahren merklich dem nationalen Durchschnitt, von dem der Norden und der Nordosten noch weit entfernt sind. Der Anteil der Beschäftigten im Primärsektor (Land- und Forstwirtschaft, Fischerei und Bergbau) ging in zehn Jahren von 83,7 % auf 75,1 % zurück. Die Beschäftigten im Sekundären Sektor (Industrie, Baugewerbe und öffentliche Versorgung) machen heute 7,2 %, die im Tertiären Sektor (Handel, Transport, Kommunikation und Dienste) 17,7 % aus. Auch das regionale Bruttosozialprodukt ist heute in seiner Zusammensetzung ausgeglichener.

Ethnisch ist der Süden die Berührungszone zwischen dem thailändischen und dem malayischen Element. Nördlich der Linie Phangnga – Songkhla überwiegt das erstere, südlich davon das zweite. Insgesamt gehören rund 73 % der Bevölkerung zu den Thais, 25 % zu den Malayen und 2 % zu den Chinesen. Die Stammesbevölkerung, die aus Seenomaden, Pygmäen und anderen Restgruppen besteht, ist zwar ethnisch und kulturell interessant, mengenmäßig aber unbedeutend und im übrigen kaum erforscht oder sonstwie erfaßt.

Auf die Probleme, die sich aus der kulturell eigenständigen muslimischen Bevölkerung ergeben, wurde schon hingewiesen. Zu ihnen gehört etwa auch der relativ große Widerstand, der der staatlichen Familienplanungspolitik entgegengesetzt wird. Am ehesten scheint sie noch in solchen Provinzen akzeptiert zu werden, in denen es eine besonders gute öffentliche Gesundheitsfürsorge gibt (Cochrane, 1979), aber es bestehen auch erhebliche Unterschiede auf dem Gebiet der Volksbildung, zumal der größte Teil der Thai-Muslims die Thaisprache weder in Wort noch in Schrift beherrscht.

Bis 1970 nahm der Süden nicht wesentlich an der inneren Migration in Thailand teil, und so gering der wirtschaftliche Austausch zwischen der Region und Zentralthailand war, so gering war auch der von Menschen. Größere Wanderungsgewinne durch vorwiegend intraregionale Migration waren in Ranong, Phangnga und Phuket, in Satun und Yala festzustellen, extreme Verluste in Nakhon Si

Thammarat (Cochrane, 1979), und wenn man die ethnische Zugehörigkeit der Migranten berücksichtigt, so zeigt sich, daß die Muslime es vorziehen, innerhalb der „Drei Provinzen" (d. h. Pattani, Yala und Narathiwat) zu wandern (Suhrke, 1973).

Wenn man einmal von Zentralthailand absieht, so war die Einkommenslage im Süden immer graduell besser als in den anderen Regionen. Der Teil der Bevölkerung, der unterhalb der Armutslinie lebte, machte 1962/63 38% aus, gegenüber 58% im Norden und 72% im Nordosten, aber 34% im Zentrum. Bis 1975/76 ging dieser Anteil auf 25% zurück, gegenüber 27% im Norden und 36% im Nordosten, aber 12% im Zentrum (IBRD, 1980). Heute leben etwa 12% der Armen Thailands in diesem Sinne im Süden.

Wendet man sich der Nutzung der natürlichen Ressourcen der Region zu, so fällt auf, daß die Produktion von Reis im Süden bei weitem nicht die Rolle wie in anderen Regionen spielt. Und da die Zentralregierung dem Reisanbau hier nur eine geringe Bedeutung zumaß, hatte sie bislang auch wenig Interesse am Ausbau von Bewässerungssystemen, obwohl vom Potential her keine Schwierigkeiten bestehen. 1970 hatte man kaum mehr als 72.000 ha unter meist rudimentärer Bewässerung. Als Basis dienen dabei Ableitungswehre über westliche und östliche Küstenflüsse. Zehn Rückhaltebecken, die Wasserreserven für die Trockenzeit gesichert hätten und die man vor allem in der Provinz Chumphon zur Flutkontrolle hätte nutzen können, befinden sich zwar seit vielen Jahren im Planungsstadium, der Baubeginn läßt aber auf sich warten. Das Pattani-Bewässerungsprojekt mit einem Ableitungswehr und einem Staudamm nahe der malaysischen Grenze (Bang Rang-Damm) hat dabei die höchste Priorität.

Zur besseren Beurteilung des Südens als Lebens- und Wirtschaftsraum im Gesamtverband Thailands ist es erforderlich, seine historische und naturräumliche Sonderstellung zu berücksichtigen. Auf die relative Abgeschiedenheit vom Kernland wurde schon hingewiesen, ebenso auf die ethnische Besonderheit seiner Bevölkerung. Naturräumlich ist vor allem der Wasserreichtum hervorzuheben und die starke Kammerung durch größere und kleinere Gebirgszüge, die einen inneren Warenaustausch lange Zeit erschwerten. Dessen ungeachtet haben sich im Laufe dieses Jahrhunderts einige Zweige der Primärwirtschaft so stark entwickelt, daß die Region in nahezu völliger Unabhängigkeit von Bangkok eine blühende, wenn auch durch Weltmarkteinflüsse gelegentlich zurückgeworfene, Wirtschaft entwickelte. Mit dem Aufbau einer vorwiegend auf Kleinbesitz beruhenden Kautschukproduktion, einer Zinnförderung, die heute bis zur Herstellung von Metallbarren reicht, und einer durch Modernisierung geförderten Fischerei und Aquakultur spielt die Subsistenzwirtschaft hier kaum eine Rolle.

Die Menschen des Südens nehmen schon länger an der Geldwirtschaft teil als viele in anderen Regionen. Im Gegensatz zu jenen, die ihre Produkte über die Händler in Bangkok exportieren mußten, haben diese über die Häfen an beiden Küsten seit Jahrhunderten Kontakte mit der Außenwelt gepflegt. Man denke hier an die ausländischen Handelsflotten und Handelsniederlassungen, etwa die der Portugiesen und Niederländer in Pattani und die der Inder und Malayen in Phuket.

Wenn heute kritisiert wird, daß der Süden sein Schwergewicht auf dem Primärsektor habe, so wird dabei übersehen, daß dieser Sektor nicht der Selbstversorgung dient, sondern weltmarktgängige Produkte erzeugt und wahrscheinlich die einzige Basis für eine künftige Industrialisierung bietet.

Die Kautschukbäume prägen weite Teile der Landschaft, vor allem im Westen und Süden der Region, und bedecken rund ein Drittel der landwirtschaftlichen Nutzfläche. Der Reisanbau, der sich hauptsächlich der östlichen Ebenen bedient, wird überwiegend zur Eigenversorgung benutzt; weniger als 10% allen Reises wird in der Südregion erzeugt. Aber die Bauern sind insofern sicherer gestellt, als sie gemischtwirtschaftlich anbauen. Wo immer die Voraussetzungen dafür gegeben sind, besteht ein Teil ihres Landes aus Kautschukbäumen, ein Teil aus Reisfeldern und der Rest trägt Obstbäume, Kokospalmen, Gemüse usw. (Fuhs, 1975). Das Fehlen von Maul- und Klauenseuche ist günstig für die Viehhaltung, die Küsten bieten gute Voraussetzungen für Fischerei und die Zucht von Krustazeen, und die reichen Niederschläge schaffen gute Bedingungen für zweite und dritte Ernten. Indessen bedeutet die Einführung ertragreicherer Kautschukbäume und Kokospalmen, eine sachgerechte Viehzucht und ähnliches eine Umstellung der Bauern, die hier wie überall nur mit Mühe und Geduld zu erreichen ist.

Die landwirtschaftlichen Betriebsgrößen im Süden liegen mit durchschnittlich 3,68 ha etwas höher als in Gesamtthailand. Beim Landnutzungszensus von 1975 ergab sich, daß 94,4% der Bauern eigenen und 3,13% gepachteten Boden bewirtschafteten; der Rest bezog sich auf andere Besitzformen. Diese günstigen Eigentumsverhältnisse gelten allerdings mehr für den Westen als für die Ebenen des Ostens. Wenn man auch annehmen darf, daß sich hier seit dem letzten Zensus die Bodenbesitzstruktur verschlechtert hat, so doch nicht in dem Maße wie in der Zentralebene. Neuere Untersuchungen sprechen davon, daß der Anteil der Pächter und Tagelöhner mit 25% – 30% im Süden gegenüber 50% im Norden günstig sei (NZZ, 25. 4. 1979).

Ländliche Unterbeschäftigung gibt es natürlich auch hier, doch setzen die Bauern ihre Arbeitskraft im Schnitt besser ein als in anderen Teilen des Landes, was auf den hohen Anteil von Baumkulturen zurückzuführen ist. Die Wanderung erfolgt von einem ländlichen Raum in den anderen, und arbeitsuchende Migranten in den wenigen städtischen Zentren spielen eine weit geringere Rolle als im Rest von Thailand, mit anderen Worten, der Agrarsektor des Südens hat es bisher verstanden, die wachsende Bevölkerung zu einem großen Teil zu absorbieren.

Gegenwärtig beträgt die landwirtschaftliche Nutzfläche nach offiziellen Angaben 2,7 Millionen ha. Verglichen mit den Zahlen des Jahres 1965 (2,2 Millionen ha) bedeutet das einen Zuwachs von nur 20 % innerhalb von zehn Jahren, während sich diese Fläche in anderen Regionen mehr als verdoppelt hat. Die Forstfläche, die für die landwirtschaftliche Nutzung brauchbar wäre, schätzte die Weltbank auf 536.000 ha. Mit weiterem Busch- und Ödland würden sich die Landreserven auf über 1 Million ha belaufen oder 40 % der gegenwärtigen Kulturfläche. Damit ist der Süden die einzige Region Thailands, die noch erhebliche Reserven an kultivierbaren Böden besitzt (IBRD, 1980).

Die Nutzung der Böden unterscheidet sich nicht nur erheblich von der Gesamtthailands, es gibt auch eine klare Scheidung zwischen der westlichen und der östlichen Flanke der Halbinsel und einen Kulturwandel von Nord nach Süd (Hohnholz, 1976): So herrscht beispielsweise der Reisbau im Osten und der Kautschukanbau im Westen vor, letzterer zieht sich im äußeren Süden aber bis an die Ostküste hinüber und dominiert hier über den Reisbau. 12 % der thailändischen Kulturfläche lag 1975 in der Südregion, aber nur 6,5 % der Reisfläche, 1,0 % der Fläche unter Mais, 3,0 % der Fläche unter Cassava und 7,0 % der Fläche unter Erdnüssen. Umgekehrt liegen im Süden 92 % der Fläche unter Kautschukbäumen und 22 % der Fläche unter Kokospalmen. 45 % der thailändischen Obsternte wird im Süden eingebracht und vermarktet. Überhaupt befinden sich über 70 % aller Baumkulturen Thailands im Süden.

Seit 1901, als der Kautschukbaum (Hevea brasiliensis) in Trang eingeführt wurde, hat sich die Produktion von Rohgummi über die ganze Region ausgebreitet. Im Gegensatz allerdings zum benachbarten Malaysia, wo ausgedehnte Plantagen vorherrschen, hat sich der Kautschukanbau in Thailand vorwiegend als bäuerliche Kleinkultur mit meist nicht mehr als 5 ha entwickelt, da die Regierung von Anbeginn fremdes Kapital und fremde Arbeitskräfte fernhalten wollte. So wurde in Thailand zwar eine kolonialwirtschaftliche Entwicklung vermieden, aber die Erträge blieben niedrig und die Technologie veraltet, zumal es lange an der erforderlichen staatlichen Unterstützung fehlte, und trotz aller Bemühungen befinden sich heute große Teile der Gummipflanzungen und praktisch der ganze Handel in chinesischen Händen. Die Fläche unter Hevea brasiliensis in der Region wurde für 1975 mit 914.000 ha angegeben. Seit 1960 gibt es eine staatliche Institution, die den Bauern bei der Umstellung von alten, ertragsarmen Bäumen durch neue, ertragreiche Klone hilft. Bei einem Jahresprogramm von rd.

50.000 ha will man das Ziel einer völligen Umstellung bis 1990 erreichen.

Unter den Feldkulturen ist der Reis mit 552.000 ha die wichtigste. Die Erträge sind mit 1,8 t/ha niedrig, und die Region kann sich in der Regel nicht selbst mit Reis versorgen. Aber noch produziert Thailand genug, um die Differenz auszugleichen.

Obwohl in Südthailand hervorragende Bedingungen für den Anbau von Kokospalmen bestehen, wurde diese Kultur über lange Zeit vernachlässigt. 1973 schätzte man die Fläche unter Kokospalmen auf rd. 70.000 ha oder rd. 10 Millionen Bäume, die zu über 80 % auf der Ostabdachung wachsen. Hin und wieder findet man Plantagen, aber die meisten Bäume wachsen in kleinen privaten Hainen. Die Leistung der Kokospalmen ist gering, der Eigenverbrauch der Landbevölkerung groß, und so ist der Export unregelmäßig und in jedem Fall gering. Kopra und Kokosöl werden von der thailändischen Industrie sogar importiert, und eine der wichtigsten Aufgaben dürfte es sein, ähnlich wie beim Kautschuk auch hier die alten Bestände allmählich durch Hochleistungssorten zu ersetzen.

Wegen guter Preisentwicklung haben sich die Anbauflächen einiger marktgängiger Kulturen zeitweise fühlbar ausgedehnt, keinesfalls aber in dem Maße, wie es in anderen Regionen zu beobachten war. Cassava, Erdnüsse und Mungbohnen gehören zu denjenigen, deren Produktion nachhaltig zugenommen hat. Der Kaffeestrauch, der zu Ende des vorigen Jahrhunderts in die Region eingeführt wurde, hat sich durchgesetzt. Die Ernte von Robusta-Kaffee, die 1972/73 noch bei 1.657 t lag, ist bis 1980/81 auf fast 18.000 t angewachsen. Thailand wurde sogar Mitglied der Internationalen Kaffeeorganisation und erhielt eine Exportquote zugeteilt.

Die Viehhaltung in der Region spiegelt das Klima und die Bodennutzung wider. So überwiegt der Büffel als Arbeitstier beim Reisbau im regenreichen Westen, während das Rind diese Rolle auf den sonnigeren Reisfeldern des Ostens spielt. Elefanten stehen in engem Kontakt zur Forstwirtschaft, wobei die Bäume gleichzeitig Futter und Schatten liefern. Schweine und Enten sind ein wichtiger Bestandteil der chinesischen Kost, wenn auch die Thaibauern die Hauptproduzenten sind. Das Sammeln von Vogelnestern auf den schwer zugänglichen Felsen der Inseln, einst eine wichtige Erwerbsquelle, wird heute statistisch nicht mehr ausgewiesen.

Zu Beginn der 70er Jahre wurden etwa 500.000 t Seefisch an den 1.672 km Küste der Region angelandet, nachdem die Produktion während der 60er Jahre durch die Einführung des Grundschleppnetzes stark zugenommen hatte. Nun muß allerdings festgestellt werden, daß die Fänge seit 1973 in jedem Jahr weiter zurückgehen. Der Hauptgrund dafür ist die Überfischung der Fischgründe durch moderne Fangschiffe im Zusammenspiel mit steigenden Treibstoffpreisen und der

Erklärung von 200-Meilen-Wirtschaftszonen durch die Nachbarländer Indien, Bangladesh und Birma im Indischen Ozean und Kambodscha im Südchinesischen Meer. Dadurch verliert Thailand eine Fangfläche von etwa 800.000 km^2. Dieses Problem versucht es in Absprache mit seinen ASEAN-Partnern, vor allem mit Indonesien zu lösen. Was aber für die eigenen Behörden zu tun bleibt, ist, den Schutz des Fischpotentials zu sichern. Denn die Ressourcen im Golf von Thailand sinken so schnell ab, daß man in Kürze von einer „Unterwasserwüste" wird sprechen können (anon., 1977b). Bei dieser Entwicklung wird vor allem die Existenz von 64.000 Fischern bedroht. Eine weitere Bedrohung der Fischbestände kommt von der Vernichtung weiter Mangrovengebiete an der Westküste im Raume Ranong, Phangnga und Phuket und durch das Einleiten von Schlamm, der beim Zinnabbau entsteht (anon., 1979a). Auf der anderen Seite bietet Aquakultur eine vielversprechende Entwicklung an. 1971 kamen zwar erst 5% des Aufkommens von Schalentieren aus solchen „Gärten", die bei einer Fläche von 8.000 ha 250 kg/ha liefern. Im Jahre 1977 gab es bereits 1.582 Garnelenfarmen mit einer Fläche von 12.000 ha, die 2.796 t produzierten. Die günstigen Preisverhältnisse lassen eine weitere Entwicklung in dieser Richtung vermuten, obwohl sich thailändische Aquakultur einer harten japanischen Konkurrenz stellen muß (anon., 1979b). Der Aufschwung der Aquakulturwirtschaft in Thailand hatte einen interessanten Nebeneffekt. Viele Salinenbesitzer haben sich diesem Gewerbe zugewandt, so daß die Salzversorgung Thailands bereits durch Importe aus Australien sichergestellt werden mußte (anon., 1975).

Seit Menschengedenken hat der Süden auf dem See- und Landwege Kontakte zur Außenwelt gehabt. Von den alten Handelswegen, die schon vor Jahrhunderten über den Isthmus gingen, sind heute aber nur wenige als Straßen erhalten. Zwischen 1900 und 1922 öffnete die Eisenbahn von Bangkok aus die Halbinsel und reichte bald bis nach Singapore hinunter. Dabei wurde vor allem die flache Ostküste erschlossen und Hat Yai entwickelte sich zum wichtigsten Umschlagplatz des Südens. Wenn auch die örtlichen Machthaber schon früh begonnen hatten, Zubringerstraßen zu den Kautschukplantagen, den Zinnminen und später zu den Eisenbahnstationen zu bauen, so begann doch der moderne Autostraßenbau erst nach 1936, und über eine lange Zeit verband die Staatsstraße 4 Bangkok mit der Südgrenze, wobei sie überwiegend die Westküste bediente. Die Städte des Ostens konnten nur auf Umwegen erreicht werden, bis im Laufe der 70er Jahre die Verbindungen Chumphon – Phatthalung und Surat Thani – Nakhon Si Thammarat auch die Ostküste erschlossen und damit zugleich die Strecke Bangkok – Hat Yai um 317 km verkürzten. Zudem ist in den letzten Jahren ein relativ dichtes Netz von Zubringerstraßen entstanden, das nicht ohne Auswirkung auf die wirtschaftliche Entwicklung der Region bleiben wird. Darüber hinaus wird der Süden seit langem durch den planmäßigen nationalen Luftverkehr bedient, der insofern eine Aufwertung erfahren hat, als 1972 der alte Flugplatz Songkhla geschlossen und dafür der neue Internationale Flughafen Hat Yai eröffnet wurde, der „jumbogängig" ist und von dem man sich eine Belebung des Tourismus in Südthailand verspricht.

Küsten- und Seeschiffahrt sind natürlich sehr alt, und während die Häfen der Ostküste (Surat Thani, Pak Phanang, Songkhla und Pattani) nach Bangkok ausgerichtet sind, orientieren sich die der Westküste (Phuket, Kantang usw.) nach Penang und Singapore. Indessen ist kaum einer geeignet, von großen Schiffen angelaufen zu werden, und wenn sie auch Spezialexporthäfen sind, wie etwa Songkhla für Kautschuk, Phuket für Zinn und Bandon für Kopra und Kokosfasern, so müssen doch häufiger Küstenfrachter die Güter erst in den nächsten Hochseehafen bringen. So befördern sie beispielsweise die Zinnbarren von Phuket zunächst nach Penang in Malaysia, wo sie von Hochseeschiffen übernommen werden. Zahlreiche Studien zum Ausbau einiger Südhäfen sind im Gange, und es wird erwogen, ob man sich nicht auf Zubringerdienste an der Ostküste beschränken sollte, falls Sattahip zum Hochseehafen ausgebaut wird.

Die Idee des seit 1863 diskutierten Kra-Kanals, d.h. ein Stich durch die engste Stelle des Isthmus, um den Indischen Ozean mit dem Südchinesischen Meer unter Vermeidung von Singapore zu verbinden, wird periodisch aufgegriffen, ohne allerdings zu Taten zu führen (Bernard, 1974). Eher schon hätte die Kra-Pipeline, durch die Rohöl von einer Küste zur anderen gepumpt werden soll, Aussicht auf Realisierung, wenn auch noch etliche technische Fragen ungeklärt sind. Wie man auch immer über die Durchführbarkeit eines Kanals denken mag (und man erwägt sogar, die Gebirgsschwelle über 28 km atomar wegzusprengen): solange der Supertanker mit 500.000 BRT als Maßstab dient, würden die Ausmaße dieses Bauwerks alle vergleichbaren wie Suez- oder Panama-Kanal weit in den Schatten stellen. Die Vorstellung, durch die Errichtung gewaltiger petrochemischer Anlagen an beiden Enden des Kanals oder der Rohrleitung den Süden zu industrialisieren, geht im Moment weit an den Möglichkeiten vorbei.

Der nichtlandwirtschaftliche Sektor des Südens stützt sich wie in keiner anderen Region auf den Bergbau. Allerdings ist sein Angebot heute fast ganz auf Zinn beschränkt, wenn man einmal von der Braunkohleförderung für das Kraftwerk Krabi und den Abbau von Siliziumsand für die Glashütte Bangkok absieht. Baryt, Mangan und Wolfram spielen nur noch eine geringe Rolle. Hingegen wird Zinn, das eng mit den Granitbergen verbunden ist, seit Jahrhunderten gewonnen und heute in neun von vierzehn Provinzen gefördert. Das Metall hat sich auf natürliche Weise in Tälern und Flußbetten akkumuliert und wurde lange auf sehr primitive Art gewonnen. 1930 wurden hydraulische Techniken eingeführt, und seit die Vorräte an Land zur Neige gingen, wird der Seeboden vor der Küste abgepumpt. Die Produktion lag bei etwa 30.000 t Zinnkonzentrat, doch nach 1968 wurde nur noch metallisches Zinn (um 25.000 t jährlich) exportiert.

Seit 1971 bemühte sich Thailand nachdrücklich, mit der Hilfe ausländischer Firmen den Grund des Golfs von Thailand nach Öl abzusuchen. Innerhalb von zehn Jahren wurden 67 Bohrungen niedergebracht, von denen 36 fündig waren, und zwar 34 mit Erdgas und 2 mit Öl. Die entdeckten Gasreserven waren so reich, daß man in Thailand von einer „Zeitenwende" in der Energiewirtschaft spricht. Wie schon erwähnt, wurde inzwischen eine 425 km lange unterseeische Rohrleitung nach Südostthailand verlegt, die täglich zwischen 20 und 25 Millionen m^3 Gas liefern kann. Obwohl die Südregion nur etwa 160 km von dem derzeit wichtigsten Gasfeld entfernt ist, hat man sich doch entschlossen, zunächst die Hauptenergieverbraucher zu beliefern, nämlich die Elektrizitätswerke von Bangkok und die Industrie des Raumes Bangkok – Chonburi – Rayong – Samut Prakan, während die Nachfrage im Süden vorerst noch als gering eingeschätzt wird (anon., 1981a).

Die Fertigungsindustrie spielt im Süden noch immer keine besondere Rolle und ihr Wachstum ist bescheiden. Der Anteil der in ihr Tätigen an der Berufsbevölkerung wuchs zwar von 2,9 % (1970) auf 5,3 % (1980) und liegt damit über der entsprechenden Zahl im Norden und Nordosten, bleibt aber immer noch unter dem nationalen Durchschnitt. Räumlich konzentriert sich die industrielle Tätigkeit vor allem in den größeren Provinzen der Ostküste mit Hat Yai und Nakhon Si Thammarat als wichtigsten Zentren. Branchenmäßig entfallen je fast ein Viertel der Betriebe mit mehr als zehn Beschäftigten auf die Verarbeitung von Holz und auf die Lebensmittelindustrie.

Auf dem Sektor der Dienstleistungen hat sich in den letzten Jahren vor allem der Tourismus entwickelt. In dem Maße, in dem das „klassische" thailändische Urlaubsressort Patthaya Beach immer unannehmbarer wird, gewinnen die neu erschlossenen Strände auf der Insel Phuket an Bedeutung.

Mit britischer Hilfe wurde vor einigen Jahren eine Regionalplanung für den Süden begonnen mit dem Ziel, durch eine sachgerechte Nutzung der natürlichen Ressourcen das Land zu entwickeln, den Wohlstand der Bevölkerung zu steigern und die Regionalwirtschaft in die thailändische Volks- und Exportwirtschaft fester einzubinden. Die Ergebnisse der Analyse zeigten, daß die Stärke der Region in einer systematischen Verbesserung der landwirtschaftlichen Produktion liegt, wobei sich ertragreiche Kautschukklone, Reissorten und Hybrid-Kokospalmen sowie geeignete Viehkreuzungen anbieten. Auf diese Weise könnte eine gesunde Basis für eine weiterverarbeitende Industrie geschaffen werden. Genauso sollte sich die industrielle Entwicklung auf den Bergbausektor und hier vor allem auf die Zinngewinnung stützen, wobei aber auch die Rohmaterialien mit geringerem Metallgehalt verarbeitet werden sollten, die man heute großzügig übersieht. Dem Tourismus wird mit Recht eine wichtige Rolle in der Zukunft eingeräumt.

Es wird von den Planern ferner vorgeschlagen, die einzelnen Aktivitäten vorzugsweise in den Provinzen fördern, in denen sie sich am vorteilhaftesten anbieten, also etwa die Kautschukwirtschaft in Yala, Pattani und Narathiwat, wo sonst wenig Potential vorhanden ist. Die Fischerei sollte sich in einigen wenigen Häfen konzentrieren, der Obst- und Kokosanbau in den nördlichen Provinzen. Auf diese Weise hofft man, den Widerspruch zwischen ökonomischer Zentralisierung und politischer Dezentralisierung lösen zu können (anon., 1974d; Huszar, 1975).

7. Der Nordosten

Während die ausgedehnten Reisebenen Zentralthailands und die Gummi und Zinn liefernden Provinzen des Südens bekannte Wirtschaftsregionen sind, hat der Nordosten lange unter der Vernachlässigung durch die Zentralregierung gelitten und seine Rolle mehr als Durchgangszone nach Laos und Kambodscha denn als Teil des thailändischen Wirtschaftsraumes gespielt. Erst durch die politischen Auseinandersetzungen im Inneren sah sich die Regierung gezwungen, Aufbaumaßnahmen zu ergreifen, um den Argumenten der regierungsfeindlichen Kräfte den Boden zu entziehen (Scoville, 1974). Thailand konnte sich dabei umfangreicher amerikanischer Unterstützung erfreuen. Seit 1961 wird die Region planmäßig entwickelt, und obwohl ihr Abstand zu den drei anderen noch immer fühlbar ist, kann der Erfolg der Erschließungsarbeiten vor allem auf dem Gebiet des Straßenbaus und der Bewässerungswirtschaft nicht übersehen werden. Daß dabei erhebliche Fehler gemacht wurden und werden und die Interessen gerade der armen Bauernschaft sträflich übergangen wurden, hat dazu geführt, daß das Gebiet bis heute eine Zone sozialer Unrast ist (Luther, 1978; Turton, 1978).

Der Nordosten Thailands, gemeinhin das „Korat-Plateau" genannt, umfaßt eine Fläche von 170.200 km^2 und ist deutlich vom Rumpfstaat durch das bis zu 1.746 m aufsteigende Phetchabun-Gebirge getrennt. Die Südgrenze nach Kambodscha wird durch die Phnom Damrek-Schwelle (bis 756 m) gebildet, während der Norden und der Osten durch den Mae Nam Khong (allgemein unter dem Namen Mekong bekannt) von Laos geschieden werden. Das „Plateau" selbst, das die Form einer flachen Schüssel hat, die sich leicht nach Südosten neigt, wird im Inneren noch einmal durch die Phu Phan-Berge (bis 695 m) in einen größeren südlichen (Korat-Becken) und einen kleineren nördlichen (Sakon Nakhon-Becken) Abschnitt geteilt. Die Region liegt zu 65 % in 100 m bis 200 m, 24 % liegen zwischen 200 m und 500 m, und nur wenig mehr als 10 % erreichen mehr als 500 m über NN.

Erdgeschichtlich scheint das Plateau aus Sedimenten in einem mesozoischen Meer entstanden zu sein, das späteren Auffaltungen unterworfen wurde und in das Gips, Anhydrit und marine Salze abgelagert wurden. Sie bestimmen heute den Untergrund und tragen zur Problematik der Böden bei. Vor allem die Steinsalzvorkommen bei Chaiyaphum sollen zu den mächtigsten der Erde gehören. Das westliche Randgebirge (Phetchabun-Gebirge) besteht aus Kalk mit Schiefer und Sandstein, aber es finden sich auch erhebliche Vorkommen von Tiefen- und Eruptivgesteinen (Porphyr, Granit, Basalt). die Damrek- und Phu Phan-Berge bestehen aus massivem Sandstein mit Schiefern und anderen Sedimentgesteinen. Die Böden des Nordostens, die sich aus den Abtragungen dieser Randberge aufgebaut haben, stellen wegen ihrer Nährstoffarmut ein Problem dar. Es handelt sich um feine sandige Lehme mit sehr hohem Quarzgehalt und einem sehr geringen Anteil an organischer Materie. Zudem ist der Gehalt an unerwünschten Salzen hoch und die Wasserhaltekapazität gering. Insofern kann der Nordosten nur spärliche Ernten hervorbringen, solange nicht kostspielige und langwierige Investitionen in den Aufbau der Bodenfruchtbarkeit und in Maßnahmen zur Wasserkontrolle vorgenommen werden.

Hydrographisch gehört die ganze Region zum Einzugsgebiet des Mekong. Der Nebenfluß Mae Nam Mun entwässert das Korat-Becken (75%) zum Südosten hin, während das Sakon Nakhon-Becken durch eine Anzahl kleinerer Flüsse, darunter der Mae Nam Songkhram, nach Norden und Osten hin direkt in den Mekong dräniert. Der Wasserhaushalt dieser Flüsse stellt ein weiteres Problem für die wirtschaftliche Entwicklung des Nordostens dar. Die auf wenige Monate konzentrierten Monsunregen, die flache Topographie und das geringe Wasseraufnahmevermögen des Bodens resultieren in ausgeprägten Flut- und Dürrezeiten. Die Wasserführung des Mun schwankt z. B. zwischen dem trockensten und dem wasserreichsten Monat im Verhältnis 1:125. Dabei ist noch anzumerken, daß die Region weit weniger Niederschläge erhält als die östlich des Mekong liegende Annamkordillere. Zwischen Vientiane im Norden und Pakse im Süden erhält der Mekong nur 32% seines Zuflusses aus Thailand und 68% aus Laos, obwohl das thailändische Einzugsgebiet 70% beträgt.

Die relativ geringen, jahreszeitlich allerdings konzentrierten Niederschläge lösen gelegentlich vernichtende Fluten aus. Die Differenz zwischen Hoch- und Niedrigwasser liegt beim Mekong bei 12 – 13 m, beim Mun um 11 m und bei den kleineren Nebenflüssen um 8 m. Bei den Hochfluten treten die Flüsse nicht nur über ihre eigenen Ufer, sondern größere Flüsse, vor allem der Mekong, stauen das Wasser ihrer Nebenflüsse zurück und lösen so „indirekte" Fluten aus. Dieser Rückstaueffekt kann z. B. im Songkhram bis zu 180 km von seiner Mündung in den Mekong stromaufwärts festgestellt werden.

Klimatisch ist Nordostthailand den Einflüssen des Monsunregimes unterworfen die allerdings durch seine Topographie modifiziert werden. Grundsätzlich bringt der Südwestmonsun zwischen Mai und Oktober feuchte Luft in den Großraum (Regenzeit), während mit dem kontinentalen Nordostmonsun zwischen November und Februar nur bescheidene Niederschläge fallen (Trockenzeit). Zwischen März und Mai spricht man von der „heißen Jahreszeit" mit gelegentlichen meteorologischen Störungen. Der Umstand, daß die Region nach Westen und Südwesten deutlich von Gebirgen abgeschlossen wird, gibt ihr einen extrem kontinentalen Charakter. Östlich und nördlich von Phetchabun- und Damrek-Gebirge liegt das Land in einem ausgeprägten Regenschatten, während der Nordosten

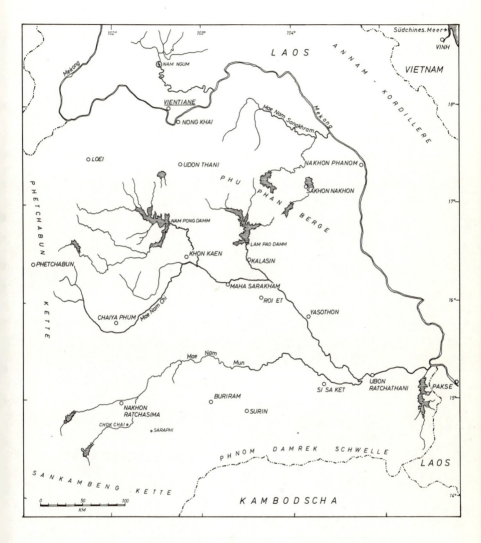

Karte 7: Orientierungskarte für Nordost-Thailand

der Region von den Regenfällen partizipiert, die sich an der jenseits des Mekong liegenden Annamkordillere auslösen. In einem Zeitraum von über dreißig Jahren gemessene Niederschläge ergeben für Nordostthailand einen Durchschnitt von 1.368,5 mm, von denen sich 54% auf die Monate Juli, August und September konzentrieren. Räumlich schwankt das Mittel zwischen unter 1.000 mm an der Phetchabun-Kette und über 2.000 mm in der Nordostecke der Region. Die Temperaturen der wärmsten und kältesten Monate bewegen sich im Mittel zwischen + 20 °C und + 30 °C, es gibt aber auch Extreme von + 0,1 °C und + 43,9 °C.

Weite Teile der Region waren und sind heute noch mit Primär- und stark degradierten Sekundärwäldern sowie mit Wildgrasflächen bedeckt, deren jeweilige Spezies sich nach den Boden- und Niederschlagsverhältnissen richten. Dipterocarpus-, Pentacme- und Shoreaarten herrschen unter den Baumarten vor, im übrigen aber bestimmen Dornbusch, Bambus und grobe Gräser die natürliche Vegetation.

Im Jahre 1965 wurde der Nordosten nach offiziellen Angaben noch immer zu 39% von Wald bedeckt, hinzu kamen Sumpfgebiete und eine Fläche von über 6 Millionen ha, die als „unklassifiziert" ausgewiesen wurde. Die Gesamtfläche der landwirtschaftlichen Betriebe belief sich auf 4,2 Millionen ha oder rund ein Viertel der Region. Zehn Jahre später war die Waldfläche um 20% zurückgegangen und die der landwirtschaftlichen Betriebe hatte um 90% zugenommen. Man stößt also zwar noch immer auf kleinere Bestände originärer Vegetation, aber es wird deutlich, daß viel Wald-, Busch- aber auch Ödland mehr oder weniger systematischer Kultivierung weichen mußte. Die verbleibenden Waldbestände werden weiter durch Rodung und eine Art Wanderhackbau degradiert. Dabei handelt es sich in der Regel um seßhafte Bauern aus den tieferen Lagen, die zusätzlichen Boden für den zeitweiligen oder ständigen Anbau von Trockenreis und Süßkartoffeln, aber auch von marktgängigen Kulturen wie Zuckerrohr, Baumwolle oder Cassava unter Kultur genommen haben. Da solche Böden bei dieser Wirtschaftsform rasch ihre geringe Fruchtbarkeit einbüßen, werden sie oft nach wenigen Jahren wieder verlassen und somit weiterer Degradierung ausgesetzt.

In den Berglagen herrschen gemischte, laubabwerfende Bestände oder immergrüner Trockenwald vor, häufig noch in dichtem, gutem Zustand, aber doch immer wieder modifiziert durch Wanderhackbau und Brandrodung. Gegenwärtig liefert der Nordosten etwa eine Million Festmeter Holz im Jahr in der Form von Rundholz, Brennholz und Holzkohle, was etwa 27% der nationalen Forstproduktion entspricht. Teak spielt dabei eine untergeordnete Rolle.

In den tieferen Lagen (Talauen) wurde die ursprüngliche Vegetation restlos zugunsten von flachen Reisterrassen beseitigt, wenn man von großen Einzelbäumen absieht, deren Laubfall die Bodenfruchtbarkeit fördert. Hier leitet der Bauer das Regenwasser von den umliegenden flachen Hängen auf die Reisfelder, sofern nicht technisch entwickelte Wasserversorgungssysteme existieren. Erst in jüngster Zeit finden moderne Agrartechnologien, wie etwa chemischer Dünger, Eingang, um die Bodenfruchtbarkeit zu steigern. Deren Pflege wurde bisher wenig Aufmerksamkeit geschenkt, sieht man von dem bereits erwähnten Fallaub ab und von der Methode, Termitenhügel abzutragen und die von den Tieren aus dem Untergrund geförderte Erde über die Felder mit den kostbarsten Kulturen zu streuen. Die Erfahrung, daß diese Untergrunderde fruchtbarer ist als die gegenwärtige Ackerkrume, hat zu der Auffassung geführt, daß die fortschreitende Bodenerosion im Nordosten auf lange Sicht den wertvollen Unterboden freilegen dürfte und somit als vorteilhaft betrachtet werden sollte.

Gegenwärtig (1980) leben etwa 16 Millionen Menschen in der Region. Die Bevölkerung wächst um ein Geringes stärker als die des gesamten Königreiches, allerdings auch mit sinkender Tendenz. Geschichte und Einfluß der Nachbarländer drücken sich deutlich in der ethnischen Zusammensetzung aus: fast die ganze nördliche Hälfte des Nordostens wird von Lao sprechenden und ein breiter Grenzstreifen im Süden von Khmer sprechenden Gruppen bewohnt. Reine Siamesen haben vor allem das Tal des Mae Nam Mun und seines nördlichen Hauptzuflusses, des Mae Nam Chi, besiedelt. Außerdem gibt es in den westlichen Grenzbergen und entlang der Mekonggrenze noch eine Reihe kleinerer ethnischer Gruppen. Diese völkisch-sprachliche Zersplitterung erschwert natürlich weiter den Landesaufbau und schafft einen fruchtbaren Boden für politische Einflüsse, die über die Grenzen aus dem Osten kommen.

Die räumliche Verteilung der Bevölkerung war ursprünglich eng mit den Möglichkeiten des Reisbaus verknüpft, modifiziert durch die Nutzung der über den Talauen gelegenen Ödländereien als Viehweide. Zwischen 1960 und 1970 allerdings hat sich ein Wandel insofern angebahnt, als nun die Entwicklung einiger städtischer Zentren deutlich zum Entstehen von Ballungsgebieten führt und sich an den weiter ausgebauten Verkehrswegen mit ihrem steigenden Transportvolumen, den an Bedeutung gewinnenden Umschlagplätzen usw. hauptsächlich nichtlandwirtschaftlich Tätige ansiedeln. Hier ist vor allem Nakhon Ratchasima (ca. 75.000 Einwohner) als Tor zum Nordosten zu nennen, ferner Udon Thani (ca. 48.000 Einwohner) und Ubon Ratchathani (ca. 36.000 Einwohner), beides Umschlagplätze mit Eisenbahn- und Straßenverbindung, schließlich Khon Kaen (ca. 30.000 Einwohner) als zentral gelegene Stadt und möglicher künftiger Mittelpunkt der Region sowie Nong Khai (ca. 27.000 Einwohner) als wichtigste Stadt am Mekong mit Fährverbindung nach Vientiane (Laos) und Endpunkt der Eisenbahn von Bangkok. Dennoch gelten auch heute nur wenig mehr als 4 % der Bevölkerung als „städtisch", während sich die rechnerische Bevölkerungsdichte

der Region von 53 Einwohnern/km² (1960) auf 94 Einwohner/km² erhöht hat.
Die wirtschaftlich aktive Bevölkerung zeigte auch 1980 noch immer eine unterentwickelte Struktur. 90% sind im Primären, 2% im Sekundären und 8% im Tertiären Sektor beschäftigt. Seit dem Zensus von 1960 hat sich diese Relation nur geringfügig geändert.

Der Nordosten hat an dem allgemeinen wirtschaftlichen Aufschwung Thailands nach 1960 nur am Rande teilgenommen, und entsprechend ist sein Anteil an den Armen des Landes größer als in anderen Regionen. Zwar hat die Weltbank festgestellt, daß auch hier heute viel weniger Menschen unter der von ihr definierten „Armutsgrenze" leben als noch vor zehn bis fünfzehn Jahren (nämlich 38% gegenüber 75%), doch handelt es sich immer noch um rund sieben Millionen Menschen. Je nach Bezugsgröße beträgt ihr Anteil in den städtischen Siedlungen zwischen 20% und 38%, auf dem Lande aber zwischen 45% und 48% (Meesook, 1979).

Die allgemein sehr prekäre Lage der Bauern im Nordosten, die auf naturräumliche, aber ebenso auf sozio-politische Gründe zurückzuführen ist (Haswell, 1975), erklärt unter anderem den hohen Anteil dieser Bevölkerung an der Migration innerhalb Thailands.

Die Nettowanderungsverluste der Region, die statistisch erfaßt werden können, spiegeln nicht die wahren Ausmaße dieses Prozesses wider. Saisonale Wanderungen, etwa als Landarbeiter in die Reisfelder um Bangkok, haben eine lange Tradition, aber die Arbeitssuche in Bangkok, gar die Abwanderung dorthin, kam erst in den letzten Dekaden auf. Heute dominieren die Leute aus dem Nordosten unter den Immigranten in Bangkok (Lightfoot, 1980). Aber auch die Migration vom Lande zum Lande, z. B. in neuerschlossene Siedlungsgebiete in Nordthailand, hat nicht an Bedeutung verloren (Cochrane, 1979). Oft ist der Anlaß eine Entwicklungsmaßnahme in der Heimat, z. B. die Überflutung ihres angestammten Hofes nach dem Bau eines Staudamms, der die Bauern zwingt, anderswo Land zu finden (Haswell, 1975).

Andererseits erfordert eine optimale Nutzung der Böden für landwirtschaftliche Zwecke umfangreiche wasserbauliche Maßnahmen. Sie sollen einmal die produktiven Tieflagen vor zerstörerischen Fluten bewahren, zum anderen aber den Kulturen auch dann Wasser aus Reservoiren zuführen, wenn die natürlichen Quellen in Form von Niederschlägen versiegt sind.

Die Regierungspolitik hat sich dieser Aufgabe angenommen, und seit 1966 wurden einige größere und kleinere Projekte fertiggestellt; weitere sind im Bau und im Planungsstadium. 1976 gab es neun Stauseen in der Region mit einem Gesamtfassungsvermögen von 6,8 Milliarden m³. Vier von ihnen haben eine Anlage zur Erzeugung von Hydroenergie. Hinzu kommen mehr als zehn Ableitungswehre ohne Reservoire. Recht erfolgreich hat sich der Bau sogenannter „Tank-Bewässerungsanlagen" in Form künstlicher Hügelseen entwickelt. Dabei werden Regenwasserreserven hinter Erddämmen gehalten und den stromab gelegenen Feldern zugeführt. 1977 existierten 186 solcher Bewässerungstanks in der Region, und von einer Gesamtbewässerungsfläche von 192.000 ha wurden nicht weniger als 175.000 ha über sie bewässert.

Im Gefolge von Tankanlagen werden in der Regel zwei Reisernten eingebracht, und häufig folgt eine dritte Ernte mit Gemüse. Zudem werden gelegentlich Fische im Reservoir produziert. Im Gegensatz zu den Großanlagen, denen bis heute keine entsprechend leistungsfähige Bewässerungsfläche gegenübersteht, hat sich die Tankbewässerung vielerorts schon bewährt. Erst wenn die zu den Großprojekten gehörigen Kanalsysteme fertiggestellt sind und die potentielle Bewässerungsfläche tatsächlich versorgt wird, dürfte die Bedeutung der Tanks prozentual etwas in den Hintergrund treten (Hohnholz, 1980). Diese Erfahrung zeigt, daß Kleinprojekte kurzfristig viel effizienter sind und daß man oft über dem Enthusiasmus für Großprojekte die Nachfolgemaßnahmen vergißt.

In traditioneller Weise geht die Wasserversorgung des Sumpfreises so vor sich, daß man alles verfügbare Oberflächenwasser auf die Felder leitet, ein unsicheres Verfahren, da der Bauer dem Risiko von Überflutung und Wassermangel gleichermaßen ausgesetzt ist. Hier dürften die Großbauten auf längere Sicht wenigstens gebietsweise Abhilfe schaffen, da sie das Abflußregime der von ihnen kontrollierten Flüsse regulieren. Schwankte z.B. der Lam Pao zwischen dem wasserärmsten und dem wasserreichsten Monat in seiner Wasserführung im Verhältnis 1:900, so ist diese Relation nach dem Bau des Lam Pao-Damms auf 1:13 geschrumpft. Ähnliches gilt für den Nam Phong, wo sich das frühere Verhältnis von 1:290 auf 1:4,4 geglättet hat.

Bei allen Erfolgen auf dem Gebiet der Wasserbauten kann also nicht verhehlt werden, daß es praktisch noch überall an der Nachfolgeplanung für eine ökonomische Nutzung des in den Reservoiren gestauten Wassers fehlt. Vor allem die Trinkwasserfrage wurde durch die Dammbauten keineswegs gelöst. Noch 1974 berichtete die Presse, daß selbst große Städte wie Khon Kaen vom Wasserwagen abhängen, gar nicht zu reden von weniger bedeutenden Orten (anon., 1974a). Erst seit kurzem versucht eine private Hilfsorganisation, den Bau von Zisternen und ähnlichen Behältern zur Speicherung von Regenwasser zu fördern, um den einzelnen Familien Trinkwasser zu sichern (Wirtz, 1981). Auch die von den Anlagen tatsächlich und sachgerecht bewässerte Fläche bleibt weit hinter den Möglichkeiten zurück.

Dessen ungeachtet sieht die gegenwärtige Planung nicht weniger als 25 größere

Damm- und Reservoirbauten in der Region vor, ganz abgesehen von dem gigantischen und noch immer umstrittenen Plan, den Mekong 2.408 km oberhalb seiner Mündung aufzustauen, dem sogenannten Pa Mong-Plan, der helfen soll, über eine Million ha Land in Thailand zu bewässern (anon., 1973a; 1978b).

Der Beitrag der Landwirtschaft zum regionalen Bruttosozialprodukt hat eine leicht fallende Tendenz. 1976 waren es 44%, auf den reinen Landbausektor entfielen aber nur knapp ein Drittel. Dennoch gehören, wie erwähnt, nicht weniger als 90% der wirtschaftlichen aktiven Bevölkerung in den landwirtschaftlichen Bereich, ein Umstand, der interessante Rückschlüsse auf die Wertschöpfung und die Einkommensverteilung in der Region zuläßt.

Es wurde bereits angedeutet, daß sich das Ansteigen der Agrarproduktion in erster Linie auf eine enorme Ausdehnung der Kulturfläche zurückführen läßt. Die landwirtschaftliche Betriebsfläche der Region verdoppelte sich zwischen 1965 und 1975 auf 9,4 Millionen ha und stieß damit an die physischen Grenzen der Landreserven. Bereits 1978 stellte eine Mission der Weltbank auf Grund von Luftbildanalysen fest, daß die noch vorhandenen, für den Landbau geeigneten Flächen an Wald-, Busch- und Ödland maximal 880.000 ha betragen. Mit anderen Worten: Man kann das Kulturland noch einmal um 9% ausdehnen, bevor die Reserven erschöpft sind (IBRD, 1980). Das dürfte inzwischen geschehen sein. Der Umstand, daß die Rodung trotzdem weitergeht, zeigt, daß die Bauern fortfahren, von der Substanz zu zehren.

Dieser Ausdehnungsprozeß erfolgt übrigens in den seltensten Fällen in einer organisierten Form, wie beispielsweise in dem Siedlungsprojekt Saraphi in der Südwestecke der Region (Janlekha, 1968). Weitaus gängiger ist eine spontane Landnahme, die sich aus Gründen der Familienvergrößerung oder aus dem Wunsch ergibt, zusätzliches Land mit marktgängigen Kulturen zu bepflanzen. So bleiben zwar die Bindungen zum alten Wohnort lange bestehen, die Neusiedler ziehen aber auch Verwandte und Freunde nach (Uhlig, 1979).

Wo immer in Asien Wasser auf dem Land gehalten werden kann, wird Reis gepflanzt, der ohne Düngung und ohne besondere Investitionen zumindest soviel Ertrag bringt, daß sich die Familie notdürftig davon ernähren kann. Ganz ähnlich ist die Lage in Nordostthailand. Und obwohl hier Boden und Klima für andere Feldfrüchte besser geeignet wären, werden bis zu 80% der genutzten Fläche mit Reis bepflanzt: „Reis bestimmt das Denken und Handeln der Bauern, und im Reisbau liegt ihre Erfahrung" (Fuhs, 1975), und die Einführung neuer Kulturen und neuer Techniken braucht ihre Zeit.

Die Reisfelder ziehen sich in den flachen Tälern längs der Flüsse hin, wo sich das Regenwasser, das auf die benachbarten Hänge fällt, sammelt und wo man notfalls auch Wasser aus dem Fluß auf die Felder ableiten kann. Hat schon Thailand als Ganzes keine übermäßig fruchtbaren Reisböden, so ist der Nordosten in einer noch schlechteren Lage. Die Region besitzt etwa 45 % allen Reisbaulandes in Thailand, produziert aber kaum mehr als 34 % des nationalen Aufkommens. Das entspricht im Schnitt Erträgen von 1,5 t/ha (zum Vergleich Japan mit 5,6 t/ha). Erschwerend kommt hinzu, daß mehr als 75 % der Reisernte der Region aus Klebereis (glutinous rice) besteht, der kaum einen Markt außerhalb Nord- und Nordostthailands und Laos' hat und für den es so gelegentlich Absatzschwierigkeiten gibt. 1976 wurden in der Region auf etwa 3,8 Millionen ha 4,6 Millionen t Reis geerntet, Zahlen, die von Jahr zu Jahr beträchtlich schwanken.

Eine typische Kultur des Nordostens ist der Kenaf (Hibiscus cannabinus), eine Faserpflanze, die bis zu einem gewissen Grad ein Substitut für Jute darstellt. Jedenfalls wird der Kenafmarkt stark von der Entwicklung auf dem Jutemarkt Indiens und Bangladeschs beeinflußt, und der generelle Aufwärtstrend der Kulturfläche schwankt von Jahr zu Jahr beträchtlich. Der Vorteil der Pflanze ist, daß sie auf armen Böden ohne Bewässerung gedeiht, indessen ist die Weiterverarbeitung, d. h. das Rösten der Stengel und das Freilegen der Bastfasern, an das Vorhandensein größerer Wassermengen gebunden. Daraus ergibt sich oft ein Problem, da die Erntezeit mit der Trockenzeit zusammenfällt und so selbst eine gute Ernte an Stengeln wegen Wassermangel nur einen geringen Ausstoß an marktfähigen Fasern bringen kann. Grundsätzlich wird die Aussicht für Kenaf pessimistisch beurteilt (anon., 1978c), weil er sich nicht nachhaltig auf dem Weltmarkt durchsetzen kann und auch das in Thailand gefertigte Endprodukt, also Säcke und Gewebe, nur auf eine begrenzte Nachfrage trifft. Die Errichtung einer Fabrik zur Herstellung von Papiermasse in der Nähe von Khon Kaen stützt sich auf die örtliche Kenafproduktion.

Durch günstige Exportchancen hat sich der Maisanbau seit den 1950er Jahren in Thailand rapide entwickelt, und auch der Nordosten hat seinen Anteil, vor allem in den höheren Lagen der westlichen und südlichen Gebirgsschwellen, erhalten. Die spektakuläre Ausdehnung der Anbaufläche kam teilweise auch dem Maisanbau im Regenfeld zugute. 1975 brachte der Nordosten auf 407.520 ha 712.000 t Mais oder 25 % der nationalen Ernte.

Weniger glücklich hat sich die Baumwollproduktion entwickelt, obwohl gerade sie im Nordosten auf eine gewisse Tradition zurückblicken kann, zu der auch eine Heimindustrie gehörte. Es ist keine Frage des Absatzes, denn die Nachfrage ist mit dem Aufbau einer florierenden Textilindustrie so gestiegen, daß sie nicht gedeckt werden kann und jährlich um 100.000 t Fasern eingeführt werden müssen. Das Problem liegt in der Anfälligkeit der Kultur für Schädlinge und Krankheiten, die z. B. 1968 nicht weniger als 28 % der Baumwollernte vernichteten. Ihre Bekämpfung setzt 14–16maliges Spritzen voraus, das bedeutet Geld und Sachkunde, und an beidem mangelt es noch in der Region. Neuere Forschungen haben ergeben, daß man durch eine leichte Verschiebung der Anbauzeiten nicht nur mit der Hälfte der Insektizide auskäme, sondern die Baumwolle als Zweitfrucht nach dem Mais pflanzen könnte. Das würde eine enorme Flächenersparnis und eine Einkommenssteigerung für die Bauern bedeuten (anon., 1979c). Unter den bisherigen Bedingungen schwankte die Anbaufläche beträchtlich.

Wegen seiner schlechten Böden und der periodischen Trockenheit ist der Nordosten kein günstiges Gebiet zur Produktion tropischer Früchte, und so gilt die Region auch als Nettoimporteur von Obst aus der Zentralebene und dem Süden. Immerhin produzierte der Nordosten im Jahre 1975 rd. 0,5 Millionen t der sechzehn wichtigsten Früchte, darunter Mangos, Kokosnüsse, Jackfruit und Custardäpfel. Das entspräche etwa 38 kg pro Kopf und Jahr. Die Hektarerträge liegen durchweg unter denen, die in anderen Regionen erzielt werden (anon., 1977c).

Die Bauern, vor allem im südlichen Teil der Region, verdienen sich ein Zubrot durch die Herstellung von Seide, die sich nahezu hundertprozentig im Nordosten konzentriert. Fast eine halbe Million Familien halten zusammen rd. 60.000 ha unter Maulbeerbäumen und produzieren eine Seide, die allerdings von geringer Qualität ist und zur Verarbeitung eines Zusatzes von Importseide bedarf (anon., 1978d)

Bereits im vorigen Jahrhundert bemerkten Reisende durch Nordostthailand den vergleichsweise großen Viehbestand, vornehmlich an Wasserbüffeln, aber auch an Rindern, doch damals gab es eine Verkehrsbarriere zwischen der Region und Zentralthailand, die einen umfangreichen Handelsaustausch erschwerte (Smyth, 1898). Inzwischen besteht eine sichere und ständige Verbindung zwischen der Zentralebene und dem Koratplateau, und dem Viehhandel sind keine Schranken gesetzt.

Der Bauer des Nordostens führt seine Wirtschaft angesichts einer kargen Natur. Die Fläche bewässerungsfähiger Böden ist begrenzt, und zwischen ihnen liegen ausgedehnte Gebiete flacher Hügel, meist mit offenen Wäldern und Wildweiden. Die Flüsse sind in der Regel für Lastkähne nicht schiffbar, und so blieb ihm lange nur der Landtransport über staubige Wege. Diese Kombination aus begrenztem Landbau, reichlicher, wenn auch magerer Viehweide und notwendigem Landtransport hat den Bauern des Nordostens zu einer gemischtwirtschaftlichen Landnutzung geführt, bei der das Großtier ein integraler Bestandteil ist. Und auch heute, da Straßen, Eisenbahnen und Flugzeug den Fernverkehr tragen, bedient sich der Nahverkehr noch immer des Zug- oder Tragtiers.

Das an sich positive Bild einer Gemischtwirtschaft muß insofern korrigiert werden, als es an einer eigentlichen Viehzucht fehlt. Obwohl die Rinderzucht auf längere Sicht sichere Chancen hat und Versuche mit Gräsern, Leguminosen und stachellosen Kakteen gute Erfolge brachten, steht der Bauer aus verschiedenen Gründen solchen Veränderungen reserviert gegenüber. Regelrechte Viehzuchtbetriebe, die für den Markt produzieren, gibt es kaum. Ein Beispiel dafür war die 1968 gegründete (inzwischen aber in Konkurs gegangene) Chokchai Ranch Co. am südwestlichen Eingang in die Region, aber das war Agrarkapitalismus und kein Muster für die Kleinbauern, die es noch nicht gelernt haben, Futterleguminosen als Zwischenfrucht zu säen, denen Feldfutterbau und gepflegte Dauerweiden unbekannt sind (Fuhs, 1975). So aber ist der Markt unorganisiert, und der Bauer verkauft in der Regel sein Tier nur, wenn es zu alt zur Arbeit ist. Entsprechend ist dann die Qualität des Fleisches.

Bislang haben die Planungen des Ministeriums wenig Veränderungen bewirkt. Die Wildweiden gehen sogar in dem Maße zurück, wie die Bauern ihr Kulturland ausdehnen, hier und dort wird ein Tier durch den „iron buffalo", eine Art Traktor zur Bearbeitung der Reisfelder, ersetzt, und schließlich tragen Viehdiebe, vor denen den Bauern niemand schützen kann, dazu bei, daß er seinen Viehbestand auf das Notwendige beschränkt. Um ein weiteres Absinken der Viehbestände zu verhindern, mußte die Regierung 1973 sogar den Export von Tieren kontingentieren (anon., 1981b).

Der Nordosten besaß 1978 nicht weniger als 64,9 % der Wasserbüffel und 41,0 % der Rinder des Königreiches, wobei der Büffel am weitesten verbreitet und am gleichmäßigsten gestreut ist. Heute wird der Bestand auf etwa 1,2 Millionen Rinder und 3,6 Millionen Wasserbüffel geschätzt. Und wenn der Anteil des Nordostens am Aufkommen der geschlachteten Tiere unterproportional ist, so mag das wohl vor allem daran liegen, daß die Schlachtung außerhalb der Region, vor allem also in Bangkok vor sich geht, da es im Nordosten noch immer an geeigneten Schlachthäusern und an einer Kühlkette fehlt. An einem rückläufigen Bedarf an Fleisch liegt die geringe Entwicklung der Viehhaltung im Nordosten jedenfalls nicht, denn die Nachfrage nach Rind- und Büffelfleisch stieg zwischen 1965 und 1975 um 4 % jährlich (Vanichanon, 1980).

Der Wandel, der bei allen Einschränkungen auch im Nordosten stattfindet, ist nicht ohne Einfluß auf die Bodenverfassung, die Betriebsgrößen usw. geblieben. Noch immer scheint zu gelten, daß die Region derjenige Teil Thailands ist, wo die weitaus meisten Bauern auf eigenem Boden wirtschaften. Die offiziellen Zahlen für 1973/74 benannten 89 % der Bauern als Eigentümer. Einen wesentlichen Wandel machte die Besitzgrößenstruktur zwischen 1962 und 1974 durch. Von allen Regionen hat sich im Nordosten der Mittelbetrieb (2,5 bis 10 ha) durchgesetzt, aber auch der Großbetrieb (über 10 ha) nahm fühlbar zu. Demgegenüber ging der Anteil der Betriebe unter 2,5 ha stark zurück. Diese Umverteilung hat denen, die davon profitierten, höhere Einkommen beschert, aber es ist nicht bekannt, wieviele Bauern bei diesem Prozeß ihr Land verloren haben, denn trotz statistisch gestiegener Haushaltseinkommen hat die Region doch erst 66 % des Einkommensniveaus Zentralthailands erreicht (Meesook, 1979), und den steigenden Erwartungen der Bevölkerung stehen zahlreiche negative Merkmale gegenüber: wachsende Verschuldung, Niedergang einer zwar ärmlichen aber intakten traditionellen Landwirtschaft, steigender Bevölkerungsdruck bei rasch abnehmenden Bodenreserven, nach wie vor ein rückständiges Erziehungswesen zusammen mit einem Mangel an nichtlandwirtschaftlichen Erwerbsmöglichkeiten usw. (Dixon, 1978).

Die spektakulärste Änderung hat der Nordosten auf dem Gebiet des Verkehrs durchgemacht, was zugleich seine wirtschaftliche Entwicklung entscheidend beeinflußte. Reisende in früheren Zeiten (Smyth, 1896; McCarthy, 1900) beschrieben den Zugang zum Koratplateau und das Reisen auf ihm als in jeder Hinsicht problematisch. Zwar wurde bereits im Jahre 1900 die Eisenbahnverbindung Bangkok – Saraburi – Nakhon Ratchasima in Betrieb genommen und damit der Übergang von der Zentralebene in den Nordosten wesentlich erleichtert, doch ihre Weiterführung ließ auf sich warten. Es dauerte weitere 26 Jahre, bis die Verbindung nach Ubon Ratchathani und 55 Jahre, bis der Anschluß nach Nong Khai am Mekong fertiggestellt war.

Der Beitrag der Eisenbahn zur Entwicklung der Region war offensichtlich dürftig, denn der Durchbruch zur wirtschaftlichen Erschließung kam erst um 1960, nachdem zwei Jahre zuvor die „Straße der Freundschaft" von Saraburi nach Nakhon Ratchasima eröffnet worden war und große Teile des Güter- und Personentransports schlagartig von der Schiene zur Straße überwechselten. Mit dem Durchbruch der Straße in den Nordosten begann der rasche Ausbau der Karrenwege im Inneren der Region zu einem Straßennetz, das inzwischen praktisch alle Provinzen leicht zugänglich gemacht hat. Mitte der 1960er Jahre lebten noch 40 % der Bevölkerung mehr als 15 km von einer festen Straße entfernt, zehn Jahre später waren es nur noch 14 %.

Heute durchziehen die Region nicht nur gut ausgebaute Fernstraßen (z. B. von Nakhon Ratchasima nach Nong Khai und Ubon Ratchathani oder von Khon Kaen nach Nakhon Phanom und Ubon Ratchathani), sondern es bestehen neben der alten Straße nach Saraburi noch zwei weitere, die die Region über die Phetchabun-Berge mit Zentralthailand verbinden. Die Meerferne der Region wird besonders dann zum Problem werden, wenn sich die Produktion von Massengütern für den Export, z..B. Mais oder Cassava und auch Bergbauprodukte, entwickeln sollte. Deshalb gibt es seit dem Frieden in Laos und Vietnam Überlegungen, ob nicht eine Verbindung über den Mekong und durch Laos zu den Häfen Danang oder Vinh am Südchinesischen Meer sinnvoller sei als zum Golf von Thailand, zumal die Hauptabnehmer in Ostasien liegen (anon., 1973b).

In der letzten Zeit ist auch das Luftnetz in Thailand unter Einbeziehung des Nordostens weiter ausgebaut worden, und die Hauptstadt ist nun mit sieben Städten dort durch planmäßige Flüge verbunden.

Es erhebt sich die Frage, inwieweit in zurückgebliebenen, ausgesprochen landwirtschaftlichen Gebieten ein nichtagrarischer Sektor entwickelt werden kann. Das gilt vor allem dann, wenn die natürlichen Gegebenheiten die Ausweitung einer rentablen Landwirtschaft in Grenzen halten, so daß die Überbesetzung der Böden mit unproduktiven Menschen ständig zunimmt. Solche Verhältnisse dürften im Prinzip in Nordostthailand vorherrschen. Hier stehen geringe Boden- und Arbeitsproduktivität einer rasch wachsenden Bevölkerung gegenüber, und selbst umfangreiche Investitionen in Wasserbau und Bodenverbesserung werden die Region kaum in die Lage versetzen, erfolgreich mit den Zonen des Landes zu konkurrieren, die von der Natur begünstigt sind.

Eine gewisse Tradition hat der Bergbau, da die Phetchabun-Berge, vor allem im Raume Loei, etliche abbauwürdige und viele weniger abbauwürdige Lagerstätten besitzen: Eisen-, Mangan-, Kupfer- und Bleierz werden genannt, aber auch Gold, Uran, Platin und Baryt. Die Produktionsziffern sind allerdings unbedeutend, und die über dreitausend in diesem Sektor Beschäftigten arbeiten überwiegend in Steinbrüchen, Sandgruben und dergleichen. Derzeit ist der Beitrag des Bergbausektors zum Regionalprodukt rückläufig, zumal auch die langjährigen Prospektionen nach Erdöl noch keinen Erfolg gebracht haben.

Einiges Interesse hat das Vorhandensein enormer Steinsalz- und Pottaschelager ausgelöst. Tatsächlich haben geologische Untersuchungen ergeben, daß sich unter dem ganzen Koratplateau ein Salzstock von einer Mächtigkeit bis zu 1.000 m hinzieht. Noch wird dieses Potential kaum genutzt, obwohl Thailand im Jahr 230.000 t Salz verbraucht und es zum Teil aus Australien einführt. Ähnliches gilt von den Pottaschelagern, die zwischen Udon Thani, Nong Khai und Nakhon Phanom mit einer Mächtigkeit von 34–45 m entdeckt wurden. Erweisen sich die Schätzungen als korrekt, so würde es sich hier um das einzige Pottaschelager Asiens von solchen Außmaßen handeln, und Thailand sieht sich bereits als Versorger Ostasiens mit Kalidünger ins große Weltgeschäft einsteigen. Aber gerade vor der Ausbeutung solcher Massengüter wie Salz und Kalidünger steht das Problem billiger Energie am Ort und günstiger Transportbedingungen. An beiden fehlt es noch (anon., 1975a; anon., 1975b). Allerdings hat die Energiewirtschaft der Region, die bis 1960 auf 68 kleine örtliche Dieselgeneratoren angewiesen war, durch den Bau einiger größerer Dämme einen kräftigen Aufschwung erfahren. Allein zwischen 1970 und 1976 stieg der Beitrag der Strom- und Wasserversorgung zum regionalen Bruttosozialprodukt um 262 %. Bis 1975 gab es vier Hydrokraftwerke; ein fünftes, Nam Ngum in Laos, liefert auf Vertragsbasis Strom über ein Verbundnetz in den Nordosten. Hinzu kommen zwei größere Kraftwerke auf der Basis von Gasturbinen, die ebenfalls dem Verbund angeschlossen sind.

Informationen über eigentliche industrielle Produktion sind dürftig, wohl nicht zuletzt deshalb, weil es an entsprechenden Betrieben weitgehend fehlt. 1979 meldet der Bericht über Arbeitskräfte, daß 124.700 Personen in Industriebetrieben beschäftigt sind. Stellt man diese Zahl der der Betriebe gegenüber, so erkennt man, daß es sich überwiegend um Kleinbetriebe der nahrungsmittelverarbeitenden Branche handelt, also um Reismühlen, Zuckersiedereien u. ä.

Es ist bemerkenswert, daß die staatliche Entwicklungspolitik lange Zeit jede Aktivität auf dem Gebiet der gewerblichen Wirtschaft abgelehnt hat. Sie rechnete damit, daß einheimisches und fremdes Kapital von selbst tätig werden würde. Diese Hoffnung hat getrogen. Dem einheimischen Kapital war es offenbar ein zu großes Risiko, in einer Region zu investieren, die politisch noch immer unsicher ist und der es zudem an jeder industriellen Tradition, mithin an qualifizierten Arbeitskräften, Märkten usw. fehlt. Ausländische Investoren dürften diese Nachteile ebenfalls sehen, es sei denn, die Regierung würde geeignete Investitionen aus politischen Erwägungen fördern, wobei die Allgemeinheit der Geberländer das Risiko zu tragen hätte.

Nachwort

Diese kleine Studie hat, wie eingangs bereits angemerkt, die Aufgabe, interessierten Thailandreisenden ein Ergänzungsbändchen zu ihrem Reiseführer an die Hand zu geben. Es ist die Hoffnung des Autors, daß sie über ihr kulturelles Interesse oder ihren Wunsch nach Erholung hinaus beginnen mögen, das Land als Lebensraum eines Volkes zur Kenntnis zu nehmen und, wenn sie im Lande reisen, mit mehr Verständnis die Landschaften und ihre Nutzungsformen betrachten.

Das verkehrsmäßig gut erschlossene Land bietet eine hervorragende Möglichkeit, sich mit den Landschaftstypen und der Vegetation, mit den Lebens- und Wirtschaftsformen der Tropen vertraut zu machen. Man kann viele Früchte und andere Nutzpflanzen in freier Natur sehen, die oft nur aus Lehrbüchern, bestenfalls aus dem teuren Angebot von Spezialgeschäften bekannt sind. Man kann archaische ebenso wie moderne Landnutzungstechniken an Ort und Stelle kennenlernen. Und der aufmerksame Reisende wird ebenso die Freuden wie die Nöte der Tropen – Regenfluten, hohe Luftfeuchtigkeit, Insektenplage, Überschwemmungen, aber auch Dürre – kennenlernen, und er sollte versuchen, sich ein Arbeitsleben unter diesen Bedingungen vorzustellen.

Der Verfasser wünscht sich, daß die Schrift auch dazu beitragen möge, daß der Reisende über Strände und Tempel hinweg einen Blick dafür bekommt, wie ein Volk seinen Lebensraum nutzt und gestaltet und – zum Guten oder weniger Guten – verändert, und daß er schließlich versucht, eine Vorstellung von der sozialen Lage der ländlichen und städtischen Massen zu bekommen, denen er auf seinem Wege begegnet.

Natürlich kann die vorliegende Schrift nach Art und Umfang niemals erschöpfend sein oder auch nur annähernd alle erforderlichen Erläuterungen geben. Ihr Ziel ist es, anzuregen. Ist das Interesse an der naturräumlichen Problematik dieses Tropenlandes erst einmal geweckt, so steht dem Interessierten eine Fülle älterer und neuerer Publikationen zur Verfügung. Auf einige von ihnen wird im Quellennachweis aufmerksam gemacht.

Quellennachweis

Acres (1979)	Acres International Ltd. Canada, „Chao Phraya/Meklong Basin Study", Phase I, Main Report.
Angel (1977)	Shlomo Angel et al., „The low-income housing system in Bangkok", in „Ekistics", 44, 261, S. 79–84.
anon. (1968)	„Land utilization of Thailand, 1965", Bangkok: Division of Agricultural Economics.
anon. (1970)	„Creeping pollution", in „Business in Thailand", Oktober, S. 8–9.
anon. (1971)	„A new survey of Bangkok traffic", in „The Investor", Dezember, S. 41–42.
anon. (1973a)	„Cutting Pa Mong to size", in „The Investor", July, S. 260–267.
anon. (1973b)	„Peace in Laos: a boon for Northeast Thailand", in „The Investor", November, S. 507–510
anon. (1974a)	„Getting it all together: The rational approach to environment reform", in „The Investor", Mai, S. 303–312.
anon. (1974b)	„Tapioca exports boom. But poor quality could ruin the market", in „The Investor", Juli, S. 428–434.
anon. (1974c)	„Port problems. All talks but no action", in „The Investor", April, S. 250–257.
anon. (1974d)	„The South: Study shows potential for planned development", in „The Investor", Dezember, S. 9–15.
anon. (1975a)	„Northeast shows potential for minerals boom", in „The Investor", März, S. 15.
anon. (1975b)	„Northeast poised to capture Asia potash market", in „The Investor", März, S. 9–13.
anon. (1976)	„The spreading manace of Bangkok's water pollution", in „The Investor", August, S. 88.
anon. (1977a)	„200-mile limit hamstrings fishermen", in „The Investor", Februar, S. 69–72.
anon. (1977b)	„Thailand's fishing industry", in „Bangkok Bank Monthly Review", Oktober, S. 471–476.
anon. (1977c)	„Thai fresh fruit", in „Bangkok Bank Monthly Review", Juni, S. 261–269.
anon. (1978a)	„Agri-Industry sugar", in „The Investor", Januar, S. 19–27.
anon. (1978b)	„Handelsblatt", 22. 2. 1978.
anon. (1978c)	„Kenaf and jute: what of the future?", in „The Investor", August, S. 48–52.
anon. (1978d)	„The Thai silk industry", in „Bangkok Bank Monthly Review", Dezember, S. 545–552.
anon. (1978e)	„Thailand's pollution: facing the challenge", in „The Investor", Juni, S. 49.

anon. (1979a)	„Economic development and industrial pollution", in „Bangkok Bank Monthly Review", Juni, S. 210–215.
anon. (1979b)	„Inland fishing", in „Bangkok Bank Monthly Review", Dezember, S. 441–443.
anon. (1979c)	„Cotton –self-sufficiency if . . .", in „Bangkok Bank Monthly Review", Mai, S. 164–166.
anon. (1981a)	„Natural gas: dawn of a promising era", in „Bangkok Bank Monthly Review", September, S. 337–351.
anon. (1981b)	„Thailand's bovine stock", in „Bangkok Bank Monthly Review", Februar, S. 48–50.
anon. (1981c)	„Focus on Thailand", in „Timber Trade Review" Nr. 2, S. 14–20.
Bernard (1974)	G. Bernard, „Un nouveau canal maritime à travers l'Isthme de Kra, en Thailande", in „Industries et Travaux d'Outre-Mer", 22, 252, S. 958–960.
Bhinyoying (1971)	Sudchit Bhinyoying, „Is Bangkok sinking?", in „Bangkok Post", 22. 8. 1971.
Bruneau (1975)	Michel Bruneau, „L'apparition de fait urbain dans le nord de la Thailande", in „Cahiers d'Outre-Mer", Nr. 112, S. 326–361.
ders. (1978)	Michel Bruneau, „Evolution de la formation sociale et transformation de l'espace dans le nord de la Thailande", in „Cahiers de Géographie du Québec", 22, 56, S. 217–263.
ders. (1980)	Michel Bruneau, „Land ownership and tenure, relations of production and social classes in the rural areas of northern Thailand (1966–1976)", Amsterdam: „Thai-European Seminar on Social Change in Contemporary Thailand".
Cochrane (1979)	Susan H. Cochrane, „The population of Thailand: its growth and welfare", World Bank Staff Working Paper Nr. 337, Washington, D.C.: IBRD.
Dixon (1978)	C. J. Dixon, „Settlement and environment in North-East Thailand", in „The Journal of Tropical Geography", 46 (Juni), S. 1–10.
Donner (1972)	Wolf Donner, „The South-East subregion of Thailand. An economic-geographical account", Project Working Paper Nr. 13, Bangkok: UNDP/SF Soil Fertility Research Project in Thailand.
ders. (1978)	Wolf Donner, „The five faces of Thailand. An economic geography", London: C. Hurst.
Douglass (1981)	Mike Douglass, „Thailand: territorial dissolution and the alternative regional development for the Central Plain", in „Development from above or below?" (Herausg. Stör & Frazer), S. 183–208.
Durand-Lasserve (1976)	Alain Durand-Lasserve, „Les facteurs et les mécanismes de la croissance de Bangkok à l'époque contemporaine", Bordeaux: Centre d'Etudes de Géographie Tropicale.
ders. (1980)	Alain Durand-Lasserve, „Speculations on urban land, land development and housing development in Bangkok: Historical process and so-

	cial function 1950–1980", Amsterdam: Thai-European Seminar on Social Change in Contemporary Thailand.
Falvey (1979)	J. Lindsay Falvey, „Sacrifices involving large livestock in the north Thailand highlands", in „The Journal of Developing Areas", 13, 3 (April), S. 275–282.
Fuhs (1975)	Friedrich W. Fuhs, „Einige regionale Unterschiede in der Landwirtschaft Thailands", Heidelberg: Südasieninstitut & Forschungsstelle für internationale Agrarentwicklung.
ders. (1979)	Friedrich W. Fuhs, „Labour utilization and farm income in rural Thailand",Beiträge zur Südasienforschung, Bd. 48, Heidelberg: Südasieninstitut.
Geddes (1973)	W. R. Geddes, „The opium problem in Northern Thailand", in Ho (1973), S. 213–233.
Government of Thailand (1972)	Government of Thailand & FAO, „General Land Capability Map of Thailand", Bangkok: Soil Survey Division.
Graham (1924)	W. A. Graham, „Siam", 2 Bände, London: De La More Press.
Haswell (1975)	Margaret R. Haswell, „Northeast Thailand: 'farmgate' surveys of organizational and financial constraints on development of the marketable surplus", Ministry of Overseas Development, Overseas Research Publication Nr. 22, London: Her Majesty's Stationery Office.
Ho (1973)	Robert Ho & E. C. Chapman (Herausg.), „Studies of Contemporary Thailand", Canberra: Australian National University.
Hohnholz (1975)	Jürgen Hohnholz, „The potential and limitations for the expansion of agricultural production in northern Thailand. Agricultural/Geographical observations in northern Thailand", in „Applied Sciences and Development", Vol. 5, S. 21–44.
ders. (1976)	Jürgen Hohnholz, „The agricultural economy and landscape of southern Thailand. An east/west comparison", in „Applied Sciences and Development", Vol. 8, S. 66–88.
ders. (1980)	Jürgen Hohnholz (Herausg.), „Thailand", Tübingen: Horst Erdmann.
ders. (1982)	Jürgen Hohnholz & Roswitha Schmid, „Maniok. Bedeutung für Wirtschaft und Ernährung in Südostasien", in „Naturwissenschaftliche Rundschau", 35, 3, S. 95–102.
Huszar (1975)	Laszlo Huszar, „An approach to regional planning in South Thailand", in „Ekistics", 238 (September), S. 174–176.
IBRD (1980)	The World Bank, „Thailand. Toward a development of full participation", a World Bank Country Study, Washington, D. C.
Ives (1980)	Jack D. Ives, „Mountain land in distress", in „Development Forum", VIII, 4 (Mai), S. 5f.
Janlekha (1968)	Kamol Janlekha, „Saraphi. A survey of socio-economic conditions in a rural community in north-east Thailand", Bude: Geographical Publications Ltd.

Judd (1973)	Philip Judd, „Irrigated agriculture in the Central Plain of Thailand", in Ho (1973), S. 137–172.
Kanwanich (1981)	Supradit Kanwanich, „Politicians 'aiding forest denudation'", in „Bangkok Post", 26. 6. 81.
Kocks (1975)	„Verkehrsstudie Bangkok"; Düsseldorf, Bangkok, Dortmund: F. H. Kocks KG, Rhein-Ruhr-Ing. GmbH.
Kunstadter (1978)	Peter Kunstadter et al. (Herausg.), „Farmers in the forest. Economic development and marginal agriculture in northern Thailand". Honolulu: East-West-Center.
Lightfoot (1980)	Paul Lightfoot, „Circulation migration and modernization in Northeast Thailand", Amsterdam: Thai-European Seminar on Social Change in Contemporary Thailand.
Litchfield (1960)	Litchfield, Whiting, Browne and Associates; Adams, Howard and Greeley, „Greater Bangkok Plan 2503", Bangkok.
Lucas (1981)	N. J. D. Lucas, „Energy policy in Thailand" in „International Relations", VII, 1 (Mai), S. 1021–1034.
Luther (1978)	Hans U. Luther, „Peasants and state in contemporary Thailand. From regional revolt to national revolution?", Mitteilungen 98, Hamburg: Institut für Asienkunde.
McCarthy (1900)	James McCarthy, „Surveying and exploring in Siam", London: John Murray.
Meesook (1979)	Oey Astra Meesook, „Income, consumption and poverty in Thailand, 1963/63–1975/76", World Bank Staff Working Paper Nr. 364, Washington, D. C.
Michael (1981)	Richard Michael, „Bangkok, Jakarta and Singapore. A comparative analysis of plans and problems", in „Ekistics", 45, 266, S. 4–12.
Mying (1981)	Thaung Mying, „Thailand: Facing spectre of a treeless wilderness", in „Malaysia Business Times", 23. 10. 1981.
Neher (1974)	Clark D. Neher, „The politics of change in rural Thailand", SEADAG-Paper Nr. 65, New York.
N. S. O. (1979)	„Quarterly Bulletin of Statistics", 27, 4, Bangkok: National Statistical Office.
Romm (1973)	Jeff Romm, „Urbanization in Thailand", an International Urbanization Survey Report to the Ford Foundation; o. O.
Scholz, F. (1969)	Friedhelm Scholz, „Zum Feldbau des Akha-Dorfes Alum, Thailand", in „Jahrbuch des Südasien-Instituts der Universität Heidelberg", Bd. III, Wiesbaden, S. 88–99.
Scholz, U. (1980)	Ulrich Scholz, „Spontane Neulanderschließung in den Waldgebieten Südost-Thailands", Gießener Geographische Schriften, Heft 48, Gießen: Geographisches Institut, S. 131–148.
Scoville (1974)	Orlin J. Scoville & James J. Dalton, „Rural Development in Thailand: The ARD program", in „The Journal of Developing Areas", Illinois, 9, 1 (Oktober), S. 53–68.

Seidenfaden (1967)	Erik Seidenfaden, „The Thai peoples", Bd. 1, Bangkok: The Siam Society.
Smyth (1898)	H. Warington Smyth, „Five years in Siam", 2 Bände, London: John Murray.
Suhrke (1973)	Astri Suhrke, „The Thai-Muslim border provinces: some national security aspects", in Ho (1973), S. 296–311.
Tugby (1973)	Elise & Donald Tugby, „Inter-cultural mediation in South Thailand", in Ho (1973), S. 273–293.
Turton (1978)	Andrew Turton, „The current situation in the Thai country side", in „Roots of Conflict (herausg. von A. Turton et al.), Nottingham, S. 104–142.
Uhlig (1979)	Harald Uhlig, „Wassersiedlungen in Monsun-Asien", in W. Kreisel et al. (Herausg.) „Siedlungsgeographische Studien", Berlin, S. 273–305.
Vaddhanaphuti (1980)	Chayan Vaddhanaphuti, „Social structure and peasant political culture: a case study of a northern Thai village", Amsterdam: Thai-European Seminar on Social Change in Contemporary Thailand.
Vanichanon (1980)	Manas Vanichanon, post-graduate thesis, Chulalongkorn-University, um 1980. Zit. in „Bangkok Bank Monthly Review", Februar 1981, S. 50.
van Roy (1971)	Edward van Roy, „Economic systems of northern Thailand. Structure and change", Ithaka & London: Cornell University Press.
Visser (1980)	Rob Visser, „Aspects of social and economic changes in a village in the Central Plain of Thailand", Amsterdam: Thai-European Seminar on Social Change in Contemporary Thailand".
Weber (1969)	Karl E. Weber, „Shifting cultivation among Thai peasants", in „Jahrbuch des Südasien-Instituts der Universität Heidelberg", Bd. III, Wiesbaden, S. 67–87.
Wijeyewardene (1973)	Gehan Wijeyewardene, „Hydraulic society in contemporary Thailand?", in Ho (1973), S. 89–110.
Williams (1979)	I. M. G. Williams, „UN/Thai programme for drug abuse control in Thailand. A report on phase I: February 1972 – June 1979", in „Bulletin of Narcotics", XXXI, 2 (April/Juni), S. 1–44.
Wirtz (1981)	Irmgard Wirtz, „Hilfe zur Selbsthilfe: Trinkwasserversorgung für Thailands armen Nordosten", in „Generalanzeiger", Bonn, 4. 7. 1981.
Young (1967)	Gordon Young, „Tracks of an intruder", London: Souvenir Press.
ders. (1969)	Gordon Young, „The hill tribes of northern Thailand", Monograph Nr. 1, 4th edition, Bangkok: The Siam Society.

Abb. 2: Noch prägt das Landleben das Gesicht Thailands.

Abb. 3: Die durch den Individualverkehr verstopften Straßen Bangkoks beeindrucken jeden Besucher.

Abb. 4: Charakteristisch für Zentralthailand ist die Reisbaulandschaft.

Abb. 5: „Amphibisches" Leben bei Phitsanulok. Man wohnt in Hausbooten und bewirtschaftet die Uferböschungen.

Abb. 6: Cassava gedeiht auch auf schlechten Böden und ist deshalb eine typische Kulturpflanze des Südostens.

Abb. 7: Ein Meo-Dorf in Nord-Thailand

Abb. 8: Die Produktion und der Handel von Kautschuk gehen noch vorwiegend im Kleinbetrieb vor sich. Verladung von Rohkautschukballen in Songkhla.

Abb. 9: Die Kenaf.Faser, das „Gold des Nordostens", steht in hartem Wettbewerb mit der Jute.